Roman | Skarabæus

Günther Loewit

# Kosinsky und die Unsterblichkeit
## Eine Recherche

Roman

Skarabæus

Meinen Kindern
Moritz, Felix und Magdalena

## 1934

Der französische Physiker Laplace entwickelte vor ungefähr zwei Jahrhunderten die These, dass sich alle Ereignisse der Zukunft, einschließlich menschlicher Verhaltensweisen, genau vorhersagen ließen, vorausgesetzt die Ausgangssituation sowie die entsprechenden Naturgesetze wären hinreichend bekannt. Damit hätte Laplace dem Leben die Spannung und den Menschen jeden Spielraum genommen.

Die Gegner Laplaces hielten dem entgegen, dass so Gottes Freiheit, ins Weltgeschehen einzugreifen, geleugnet würde und zugleich auch der Einzelne mehr Opfer als Herr seiner Handlungen wäre.

Erst ein gutes Jahrhundert später erkannte der Physiker Heisenberg die Schwächen dieses Determinismus und formulierte die Unschärferelation: Man könne sich bezüglich der Position eines Teilchens oder eines Zustandes niemals sicher sein, die genaue Vorhersage des einen bedinge Ungenauigkeit in Bezug auf das andere.

Gott und die Menschen, um die es hier geht, hatten also ihren scheinbaren Freiraum zurückbekommen. Doch dieser Freiraum, das eigene Leben zu gestalten, bleibt, neuerer Physik zum Trotz, verschwindend gering. Die persönliche Entwicklung eines Menschen bleibt dem Ort und der Zeit seiner Kindheit ausgesetzt. Die Freiheit beschränkt sich auf das Erkennen und die Beurteilung der prägenden Ereignisse.

Die Menschen sind ihrer Kindheit und Umgebung ausgeliefert wie das Meer der Schwerkraft des Mondes: Erzeugt er auf der einen Seite der Erde Flut, folgt zwangsweise Ebbe auf der anderen, ohne dass irgendetwas daran geändert werden könnte.

So wird denn auch der erwachsene Mensch weitgehend und unbewusst durch die Ereignisse seiner Kindheit geprägt, ohne dass ihm die Möglichkeit gegeben wird, Nennenswertes daran zu ändern. Allenfalls mag die genauere Betrachtung der Umstände ihn anders erscheinen lassen, kann aus dem Täter ein Opfer werden oder auch umgekehrt, oder auch beides zugleich.

Doch, auch Einsteins Relativitätstheorie entsprechend, bleiben solche Betrachtungen der Zeit und dem Ort ihrer Entstehung verbunden und vermögen nur eines von vielen Bildern zu zeigen. Alles bleibt eine Frage des Standpunktes und der Zeit.

Und sicher ist in diesem Zusammenhang nur Zeitpunkt und Ort der Geburt des Sohnes Alfred Kosinskys. Im anerkannten zu Grunde liegenden Raum-Zeit-System war es einer der ersten Julitage des Jahres 1934 in Innsbruck.

1942

Ungeduldig erwartete Alfred Kosinsky die schleichend hereinbrechende Dunkelheit. Der langsam beginnende Herbst und die geschlossene Wolkendecke verfrühten diesen Zeitpunkt.

Selbst hier im dichten Wald, weit außerhalb der Stadt, war äußerste Vorsicht geboten. Oft waren ihm Pilz- und Beerensammler begegnet, denen gegenüber er stets einen von ihnen mimen musste. Wieder und wieder atmete er auf, weder erkannt noch in ein Gespräch verwickelt worden zu sein.

Ohnehin aber hatten die, die ihm hier und jetzt begegneten, ihre eigenen Sorgen.

Obwohl er sich hier im dichten Unterholz einigermaßen sicher fühlen konnte, war doch jede Stunde verloren. Für ihn selbst, aber was viel schwerer wog, für seinen Sohn, der auf die Besuche des Vaters wartete. Kosinsky war hellwach.

Die Vorfreude auf die Umarmung des Sohnes war gefährlich. Schon oft hatte sie ihn die Vorsicht vergessen lassen, die notwendig war, um unbehelligt und unbemerkt zu bleiben. Weder sich selbst noch seine Familie in Gefahr zu bringen.

Seine Freilassung aus dem Lager Reichenau war noch nicht allzu lange her. Die neuerliche Haft hatte ihm einen tiefen Schrecken versetzt. Fast war Kosinsky darüber verwundert, dass auch der scheinbar wertlose Rest seiner Existenz noch so verwundbar war. Erst nach etlichen Wochen des Verzweifelns war er noch einmal freigelassen worden. In letzter Minute vor dem endgültigen Abtransport. Wieder hatten die letzten und treuesten Freunde, die sich noch zu ihm bekannten, ihre eigene Sicherheit aufs Spiel gesetzt, um ihn frei zu bekommen.

Sein eigenes Leben und, damit unentwirrbar verbunden, das Schicksal seiner Familie hingen offensichtlich an einem dünneren als dem sprichwörtlichen seidenen Faden. Noch immer hatte er geglaubt, durch seine räumliche Nähe Schlimmeres von seiner Familie abwenden zu können.

Dann aber war ihm erstmals der verstörende Gedanke gekommen, ob nicht sein Abtransport endlich Ruhe für seine Frau und den Sohn bedeutet hätte. Ob es nicht gerade seine räumliche Nähe war, die beider Leben besonders bedrohte, ob er seine Welt nicht erlösen könnte, wenn er seiner Schwester auf ihrem Weg nach Theresienstadt folgte.

Beklemmend war ihm der Gedanke, der ihn verfolgte, während er sich in der zunehmenden Dunkelheit nach Hause sehnte.

Vorsichtig wagte er sich näher an den Hohlweg heran. Kosinsky war sich sicher, dass jetzt jedes Fahrzeug schon von weitem an seinen Scheinwerfern zu erkennen sein müsste. Aber er mahnte sich noch einmal zur Vorsicht. Vor allem fürchtete er die Fahrräder der Denunzianten und Spitzel, die erst im letzten Augenblick am leisen Knirschen des Schotters unter den Reifen erkennbar wurden. Schon öfter, wenn sie ihn in der Nähe des Sommerhauses im Mittelgebirge vermutet hatten, benutzten sie diese schwarzen Räder bei ihren scheinbar zwecklosen Fahrten.

Im Wald war er sicher. Dort konnte er die Motoren der Automobile schon Minuten vor ihrem Erscheinen orten. Nur noch ein schmaler, dunkel silberner Streifen am Himmel, weit im Westen über den Bergrücken, deutete den vergangenen Tag an. Wenn sich die Wipfel der Tannen im abendlichen Wind über ihm zusammenschoben, war es finstere Nacht.

Aber auch wenn er sich einredete, dass er von nun an selbst die Räder rechtzeitig erkennen würde, um sich noch einmal in die Dunkelheit des Waldes zu retten, keimte doch wieder dieses bange Erwarten in ihm. Die Angst, dass etwas Unvorhergesehenes seine Heimkehr für heute verhindern, für immer unmöglich machen könnte.

Den ganzen Tag im Wald ertrug er nur in der Hoffnung, seinen Sohn am Abend in die Arme nehmen zu können. Wenigstens in diesen wenigen Stunden wollte er ihm eine Ahnung von Geborgenheit geben. Die Unsicherheit, mit der er selbst aufgewachsen war, wollte Kosinsky von seinem Sohn fernhalten.

Mit zwei Schritten trat Alfred Kosinsky in den Hohlweg hinunter, blickte, soweit sein Rucksack die Bewegungen erlaubte, nach hinten und vorne, hielt den Atem an, um auch ja kein Geräusch zu überhören, und ging dann rasch ausholend in Richtung seines Hauses.

Der Wald lichtete sich und die Gestalt mit dem Rucksack blieb noch einige Male stehen, drehte sich um und horchte mit starr erhobenem Kopf in die Nacht.

Diese Nacht war ruhig.

Die Regelmäßigkeit der mahlenden Geräusche seiner Schritte im Schotter beruhigte Kosinsky. Und doch verdichtete sich seine Anspannung, je näher er der Biegung des Weges kam, von der aus er das vereinbarte Lichtzeichen am Haus erkennen müsste.

Von Tag zu Tag änderte sich dieses Signal. Vor dem Abschiedskuss im Morgengrauen musste er seiner Frau täglich wiederholen, in welchem Fenster die Lampe zu seiner Heimkehr brennen würde. Nie hätte er geglaubt, dass Elektrizität solche Wärme verströmen könnte.

Kosinsky fühlte seinen Herzschlag bis zum Hals, als er durch die offenen Fensterläden das erhoffte Licht in der Küche erkannte. Doch wie in den Zeiten, als er seinen Beruf noch ausüben konnte, zwang er sich zur Vorsicht. Stets versuchte er sich in die Lage seiner Gegner zu versetzen, stets wollte er ihren Gedanken noch einen voraus sein.

Aber es machte einfach keinen Sinn. Bei aller Umsicht fand er keinen Grund, warum sie ihm heute hätten auflauern sollen.

Seine Augen hatten sich inzwischen an die Dunkelheit gewöhnt. Langsam beschlich ihn ein Gefühl der Überlegenheit. Er kannte jeden Baum, jeden Strauch, jeden Meter des Weges zu dem Haus, in dem der Knabe mit seiner Mutter auf ihn wartete. Abend für Abend. Ständig auf eine Heimkehr des Vaters hoffend, bis zum letzten Augenblick. Bis der Schlaf ihm die Augen schloss.

Heute würde Kosinsky rechtzeitig kommen und er dankte dem Himmel dafür, dass er sich rechtzeitig verdunkelt hatte.

Je länger diese Zeit andauerte, die ihn zum Verstecken, zur Heimlichkeit zwang, desto bewusster wurde ihm, wie sehr er sich mit seinem Sohn verbunden fühlte.

Immer mehr erlaubte er sich den Gedanken, dass seine Frau lernen müsste, auch während seiner Abwesenheit mit dem Leben an seiner Seite zurechtzukommen. Es verbitterte ihn, ihr diese Unsicherheit und die ewige Vorsicht zumuten zu müssen. Kosinsky wünschte, er hätte rücksichtsvoller sein können. Jetzt aber forderte er ihre Stärke und drohte selbst zu zerbrechen.

Nie hatte Kosinsky ihr gegenüber ein Hehl aus seiner Abstammung gemacht. Erst sein Vater hatte sich vom Judentum, in dem die Familie bis dahin verwurzelt war, losgesagt und das Christentum zu seiner Religion gemacht. Die Enge der jüdischen Gemeinde in Prag, die dieser zur Zeit seiner Kindheit als Last empfunden hatte, und der spätere Wunsch, in seiner beruflichen Laufbahn nicht durch Herkunft und Bekenntnis behindert zu werden, hatten ihn zu diesem Schritt bewogen. Für die Familie bedeutete die Entscheidung von Alfreds Vater einen endgültigen Bruch mit Tradition und familiärer Verwurzelung.

Kosinsky selbst war getauft und fühlte genauso wenig jüdisch wie christlich.

Seiner Frau und ihm war die Gefahr, die in ihrer Verbindung lag, von Anfang an bekannt. Auch wenn sie sich die Wirklichkeit, die sie jetzt umgab, nicht annähernd so grausam vorgestellt hätten.

Aber wie konnte er dem Kind seine Lage erklären, ohne es noch mehr zu verletzen. Schon seit Wochen bemerkte er die zunehmende Verschlossenheit des Sohnes zu Beginn ihrer gemeinsamen Stunden.

Es kostete ihn immer mehr väterliche Mühe, das Eis zu brechen, nur um die dann gewonnene Nähe beim Abschied erneut zu missbrauchen.

Als stetig wachsende Last schleppte er die Einsamkeit mit sich. Indem er sich aller Beziehungen entledigte, verlor er auch Mitleid und Verständnis. Aber lieber beendete er scheinbare Freundschaften, als dass er auf ihre Aufkündigung wartete. Kosinsky hatte genügend Enttäuschungen hinter sich. Daher ließ er auch keine neuen Beziehungen zustande kommen. Er hätte auch nicht gewusst, mit wem er seine Sorgen hätte teilen können.

Als Kosinsky die hölzerne Gartentüre öffnete, hatte er für einen Moment das Gefühl, die Einsamkeit würde ihn erdrücken.

Die Scharniere hätten längst geölt werden müssen. Nur durch einen forschen Ruck am Tor konnte er das durchdringende Knarren verhindern.

Noch ein letztes Mal musterte er die Umgebung genau und schritt den mit Schlacke aus dem Ofen beschütteten Weg zum Haus hinunter.

Er hoffte, dass die Sehnsucht des Sohnes geblieben und die Verletztheit seiner Frau seit dem letzten Abend nicht unüberbrückbar geworden war.

## 1955

Alfred Kosinskys Sohn war doch nach Österreich zurückgekehrt. Die letzten Besatzungssoldaten hatten das Land eben verlassen. Und aus ihm war ein Mann geworden. Die Gymnasialjahre in der Schweiz hatten die Ereignisse der Kindheit in weite Vergangenheit rücken lassen.

Er hatte nach dem Ende des Krieges die Stiftsschule der Benediktiner in Engelberg besucht. Dort hatte er Zuverlässigkeit und Sicherheit erfahren, die seinem Leben bis dahin fremd geblieben waren. Sein Lateinprofessor, ein älterer Pater, hatte ihn wie einen Sohn behandelt. Und auch sein Stolz war väterlich. Denn der Knabe war ein gelehriger Schüler. Beide genossen die von Jahr zu Jahr wachsende gegenseitige Zuneigung. Kosinskys Sohn erfuhr das Leben in einer Umgebung ohne Angst und Heimlichkeiten.

Nur in den Hauptferien im Sommer und zu den Weihnachtstagen besuchte er seine Mutter in Innsbruck. Er genoss ihre Wärme und die stillen Umarmungen am Abend. In diesen Augenblicken wurde Kosinskys Sohn bewusst, dass er in Engelberg so gut wie nur von Männern umgeben war. Aber das erschien ihm vorerst der einzige Nachteil der Schweiz zu sein. Und wären nicht die Zärtlichkeit der Mutter und ihre Kochkünste gewesen, hätte er Tirol fast vergessen. So blieb er gerne im Engelberger Internat, das er nunmehr als sein Zuhause betrachtete.

Kosinskys Sohn mochte die langen Bahnfahrten nach Innsbruck. Manchmal, wenn Wälder und Bergketten vorbeizogen, musste er bei ihrem Anblick an seinen Vater denken. Aber schnell versuchte er solche Erinnerungen beiseite zu schieben.

Seit Jahren hatte er nicht mehr geweint.

Ungeduldig erwartete er den Empfang durch seine Mutter, je näher seine Geburtsstadt Innsbruck rückte.

„Mein Großer", würde sie ihn am Bahnsteig nennen, und Kosinskys Sohn war stolz auf diese Anrede. Er war der heimkehrende Sohn und die Mutter bewunderte ihn. Zwei Mal, in jedem Schuljahr, war er der unumstrittene Mittelpunkt der Familie. Der „Schweizer Sohn", wie die Mutter ihn gegenüber anderen bezeichnete.

Nach dem Ende des Krieges hatten sie wieder die Stadtwohnung bezogen. Das Häuschen im Mittelgebirge wurde an eine Familie vermietet, die bei einem der letzten Bombenangriffe das Dach über dem Kopf verloren hatte.

Die Mutter hatte sich von Freunden und dem öffentlichen Leben zurückgezogen. Sie litt unter Engegefühlen in der Brust, die nach dem Ende des Krieges immer häufiger auftraten. Das unvorhersehbare Ziehen nahm sie zunehmend zum Vorwand, Einladungen und andere gesellschaftliche Verpflichtungen abzusagen. Den zu Rate gezogenen Ärzten blieben die Beschwerden unerklärlich.

Aber sie versuchte, ihren Schmerz still zu ertragen. Auch wenn sie ihren Sohn nicht damit belasten wollte, blieb diesem das Leiden der Mutter nicht verborgen. Im Laufe der Mittelschuljahre vermischte sich die Liebe zur Mutter mit Verantwortungsgefühl und Sorge. Gegen Ende der Ferien keimte dann öfter Zweifel in ihm, ob er die Mutter so zurücklassen durfte. Diese Zerrissenheit wurde in den Oberstufenjahren ein fester Bestandteil seiner wenigen Tage in Innsbruck.

Die Mutter aber nützte die gemeinsame Zeit mit ihrem „Schweizer Sohn", diesem in kleinen Schritten die Geschichte seines Großvaters näher zu bringen. Wie dieser, aus Prag kommend, an die philosophische Fakultät in Innsbruck berufen wurde. Und dass sie sich ähnlich gewesen wären, er und der Großvater, nicht nur von den Gesichtszügen her. Und wie stolz der Großvater auf ihn gewesen wäre, hätten sich ihre Leben überschnitten.

Später dann, Kosinskys Sohn besuchte längst die Oberstufe des Stiftsgymnasiums, sagte sie immer wieder, wenn sie seine Zeugnisse betrachtete: „Aus dir wird ja auch noch ein Professor!"

Nie wollte sie ihn zu einer Entscheidung, einem Lebensweg drängen. Aber sie sorgte für die ständige Gegenwart des Großvaters, dessen Leben ruhig und friedlich verlaufen wäre. Der das Glück gehabt hätte, nicht von einer Vergangenheit eingeholt zu werden.

Im Wohnzimmer hing wieder das überlebensgroße Bildnis von ihm. Wie früher. Es war während der in der NS-Zeit erzwungenen Übersiedlung in die Wohnung unter das Dach irgendwo verstaut worden. Und ihre eigene Wertschätzung für des Großvaters wissenschaftliche Leistungen auf dem Gebiet der Biologie vermittelte sie ihrem Sohn, indem sie ihm die Bücher und Schriften des Schwiegervaters zu lesen gab.

Kosinskys Sohn erlebte, wie sich das Bild, das die Stadt bot, von Aufenthalt zu Aufenthalt veränderte. Schon nach den ersten Jahren war der meiste Schutt rund um die zerbombten Häuser verschwunden. Neue Wohnungen wurden errichtet, alte Gebäude wieder aufgebaut.

Und mit dem Ende der Schweizer Gymnasialzeit waren auch die letzten Ruinen aus dem Stadtbild verschwunden. Gemeinsam mit dem Schutt wurden auch die Erinnerungen an seine angsterfüllte Kindheit weniger. Je sauberer die Stadt mit den Jahren wurde, um so weiter hatte er die Beschäftigung mit Angst, Zerstörung und Unrecht von sich geschoben. So konnte er in der Äußerlichkeit Innsbrucks immer mehr die Umgebung seiner ersten, ungetrübten Kindheitserinnerungen wiedererkennen.

In der Schweiz hatte man ihm während des letzten Schuljahres den Zugang zu einer der Universitäten des Landes und später die Staatsbürgerschaft in Aussicht gestellt. Aber Kosinskys Sohn fühlte sich für seine Mutter verantwortlich. Außerdem war er zur Überzeugung gelangt, dass die Zugehörigkeit zu einem Staat nicht wichtig wäre. So kehrte er nach der Matura nach Österreich zurück.

In Innsbruck nahm er, seinem Großvater folgend, das Studium der Biologie auf.

Kosinskys Sohn war ein gewissenhafter Student. Er wohnte zu Hause mit der kränklichen Mutter und unterstützte sie, so gut er konnte. Er erledigte Einkäufe und führte sie an die frische Luft, wenn sie das Ziehen in der Brust verspürte. Und war fast ein Mann für sie. Manchmal glaubte er auch, so einem letzten, unausgesprochenen Wunsch seines Vaters nachzukommen.

Besonders dann, wenn sie vorsichtig über ihn redete und dem Sohn verletzt ihre Einsamkeit anvertraute: Denn abgesehen vom Verlust ihres Mannes wären ihr aus der eigenen Familie auch nicht viele Freunde geblieben. Kosinskys Sohn wusste nicht, ob ihm diese Gespräche mehr Freude oder Belastung waren.

Semester für Semester wurden seine Leistungen mit einem Stipendium belohnt. Während der Semesterferien arbeitete er in einer Schleifsteinfabrik und überließ einen Großteil des Verdienten der Mutter.

In der Freizeit las er mit Begeisterung die wissenschaftlichen Bücher, die der Großvater verfasst hatte. Dessen Lebenslauf erschien Kosinskys Sohn geeignet, Grundlage eigener Vorstellungen zu werden. Manchmal ertappte er sich dabei, beim Anblick von Großvaters Bild an der Wand, sich selbst als den Professor zu sehen.

Alfred Kosinsky hatte sich dagegen scheinbar aus dem Leben seines Sohnes verloren.

# 1942

Nachdem Kosinsky einige Zeit, den Blick zurück in den Garten gerichtet, in der offenen Türe verharrt hatte, schloss er ab und hängte die Kette vor. Es war eine letzte Versicherung, dass ihm niemand gefolgt war. Auch wenn er wusste, dass ihn die Glieder der eisernen Kette nicht schützen konnten, beruhigte ihn das Einschnappen des Hakens doch. Dann ging er in die Küche und verriegelte dort die Fensterläden. Erst jetzt fühlte er sich zu Hause, für heute Abend, vielleicht auch für die ganze Nacht.

Er ging in den Vorraum zurück und hängte seinen Mantel an einen der Kleiderhaken. Während er vor der Garderobe stand und die Anspannung der letzten Stunden abklingen lassen wollte, öffnete sich langsam die Stubentür.

Das traurige, verunsicherte Kindergesicht schob sich zwischen Rahmen und Türblatt. Den Blick auf den Boden gerichtet, blieb der Sohn dort stehen. Er ließ den Vater zunächst warten. Dann warf er sich nach kurzem Anlauf in seine erschöpften Arme und verbarg das Gesicht an seinem Körper.

Unbewegt standen Vater und Sohn eng umklammert.

Die Mutter hielt sich im Hintergrund, wie es Kosinsky schien. Und er genoss die Zeit, ahnend, dass sie die schönste des Abends bleiben würde.

Nach einigen Minuten versuchte der Vater sich behutsam aus der Umklammerung zu lösen, ließ seinen Sohn aber sofort wieder gewähren, als er dessen verweintes Gesicht bemerkte. Die erzwungene Körperhaltung begann den Vater zu schmerzen.

Später dann wandte sich der Sohn, ohne ein einziges Wort zu sprechen, ab und ging in die Stube zurück. Dort legte er sich auf das Bett und verbarg sein Gesicht im Kissen.

Kosinsky folgte ihm und fand seine Frau wartend am Tisch sitzen. Er erkannte den Vorwurf in ihren Augen und küsste sie auf beide Wangen. So als hätte er diesen Blick nicht bemerkt.

Dann setzte auch er sich an den Tisch und begann, immer noch wortlos, den Inhalt seines Rucksacks auf der Tischplatte auszubreiten. Als sie die Lebensmittel sah, hellte sich ihr Gesicht auf, sie ergriff dankbar Kosinskys Unterarm, drückte ihn fest und sagte mit unterdrückter Stimme:

„Sie waren heute schon wieder da und haben nach dir gefragt."

Kosinskys Blick verlor sich im Nichts. Seine Augen glitten von der Hand, die seinen Arm liebevoll umklammerte, ab.

Und während er sich ihre Unterhaltung mit den Männern der GESTAPO vorstellte, sagte sie, als wäre sie seinen Gedanken gefolgt: „Ich habe gesagt, dass du wieder verreist wärst", und nach einer Weile, „wie wir es ausgemacht haben."

„Und haben sie dir geglaubt?"

Sie antwortete ausweichend und er wusste, dass er wieder nicht die ganze Nacht würde bleiben können.

Wie schon so oft, wenn sie Verdacht schöpften, würde ab der späteren Nacht vermutlich ein Wagen der GESTAPO oben auf der Straße warten. Und auch wenn er das Grundstück über einen anderen Weg verlassen hätte können, es war zu gefährlich.

Sein Sohn kam, setzte sich zu ihm und schmiegte sich an den Vater. Dann fragte er erwartungsvoll: „Papa, hast du mir etwas mitgebracht?"

Alfred Kosinsky war froh, seinem Sohn ein paar Stücke Kochschokolade zuschieben zu können. Er hatte sie, in Zeitungspapier eingewickelt, eigens für diesen Augenblick in einer der Seitentaschen des Rucksacks verstaut. Es war ihm wieder gelungen, die vom Sohn geliebte Schokolade im Tausch gegen einen Füllhalter erwerben zu können. Die Sammlung seiner Füllfedern hatte Kosinsky viel bedeutet. Im Laufe der Jahre war es ihm zur Gewohnheit geworden, sich für jeden gewonnenen Prozess mit einem neuen Füller zu belohnen. Jetzt verschwanden sie, Stück für Stück eine Erinnerung, um die Familie mit dem Notwendigsten zu versorgen.

Während der Vater den Sohn beobachtete, wie er das Zeitungspapier entfernte und die Schokoladestücke zu zählen begann, weil er sie für die folgenden Tage einteilen wollte, las er gedankenverloren auf der abgewickelten Zeitung:

*Freiwillige für den Wachdienst in den besetzten Gebieten (Frankreich, Belgien, Niederlande, Norwegen) werden sofort eingesetzt. Voraussetzung: Zustimmung des zuständigen Arbeitsamtes und Unbescholtenheit. In Betracht kommen auch Pensionisten, Rentner, Kriegsbeschädigte, jedoch einsatzfähig ...*

Kosinsky wusste, dass es ihm nicht mehr möglich sein würde, dieses Land zu verlassen. Weder mit noch ohne seine Familie. Das früher Unvorstellbare war Wirklichkeit geworden. Er war Gefangener in seiner Heimat. Und er musste froh sein, wenn er sein Leben retten konnte. Schon längst waren alle, die ihrer Abstammung nach als Juden bezeichnet wurden, aus Tirol verschwunden.

Beinahe schämte sich Kosinsky, noch hier zu sein. Letztendlich, und das war so widersinnig wie unglaublich, verdankte er dem Gauleiter Franz Hofer, dass er noch am Leben war. Auch wenn ihm andere Freunde beträchtliche Hilfe geleistet hatten. Oft unter Gefahr für ihr eigenes Leben.

Alfred Kosinsky saß zwischen Frau und Kind inmitten der Trümmer seines Lebens. Lebendig und doch fast leblos, voller durchdachter Überlebenspläne, aber ohne Hoffnung.

Der körperlichen Nähe dieser selten gewordenen Stunden am Abend entgegengesetzt war das Unverständnis des Sohnes für die immer häufigere Abwesenheit und Anspannung des Vaters. Mit den eigenen Ängsten beschäftigt, konnte er nur erahnen, warum der Knabe so ruhig und angepasst den wachsenden Abstand zum Vater hinnahm. Und oft war Kosinsky auch schon zu müde, um an mehr als das eigene Überleben in den nächsten Stunden und Tagen zu denken.

Dann nahte die Stunde des Abschieds. Den einsamen Weg zum Versteck im Heustadel oben am Berg vor Augen, waren diese Augenblicke schon schlimm genug für ihn. Aber es war ihm unerträglich, das Kind wieder allein bei der Mutter zurückzulassen.

Schluchzend und voller unbestimmter Angst um den Vater hatte sich Kosinskys Sohn wieder im Bett neben dem Tisch verkrochen.
„Warum gehst du schon wieder, Papa?!"
Kosinsky saß am Bettrand und streichelte ihm den Kopf.
Mit tränenerstickter Stimme fragte der Bub immer wieder: „Warum gehst du schon wieder?" – „Warum?"
Kosinsky beugte sich zu seinem Sohn hinunter, bis seine Stirn die feuchten Wangen des Kindes berührte. Und als das Schluchzen und Fragen kein Ende nahm, bat er den Sohn leise, fast flehentlich, mit dem Weinen aufzuhören. Ihm den Abschied nicht noch schwerer zu machen, als er ohnehin schon wäre.
Langsam wurde das Beben im Körper des Kindes weniger, das Schluchzen leiser und verhaltener. Und irgendwann bemerkte Kosinsky, dass der Schlaf ihm den Sohn genommen hatte.

Eine alles sagende, wortlose Umarmung seiner Frau, in der die Angst lag, es könnte kein Wiedersehen geben. Mehr eine einseitige Umklammerung, denn Kosinsky war in Gedanken schon draußen in der Nacht. Und er war zu erschöpft, um seine Frau zu trösten. Er erwiderte die Umarmung nicht, und doch waren beide in der gleichen unausgesprochenen Angst gefangen.

Kosinsky löschte das Licht in der Stube, damit sich die Augen wieder an die Dunkelheit gewöhnen konnten. Er ging zur Tür und öffnete sie einen Spalt. Lange sah er schweigend in die Nacht hinaus. Erst als er sicher war, dass sie keine Gefahr barg, trat er vor das Haus. Und mit einer leisen Bewegung verschwand er in der Dunkelheit.

## 1956

Kosinskys Sohn arbeitete in den Sommerferien wieder in der Fabrik. Das Biologiestudium hatte er zur guten Hälfte hinter sich gebracht. Seit der letzten großen Prüfung durfte er den Titel „Kandidat der Philosophie" führen. Voller Stolz hatte er sich selbst Visitenkarten mit „Cand. phil." vor seinem Namen angefertigt. Er fühlte sich nun ein Stück näher an den unbekannten Großvater herangerückt.

Die junge Frau hatte er schon öfter in der Werkskantine gesehen. Eines Abends, als die Arbeiter nach dem Signal der Werkssirene das Fabrikgelände verließen, begegneten sie sich wieder. Die junge Frau hatte gerade ihr Fahrrad durch das Tor geschoben. Draußen wollte sie aufsteigen, stolperte aber und stürzte samt dem Rad zu Boden. Er half ihr auf und bot an, sie ein Stück weit zu begleiten. Dann schob er ihr Fahrrad, während sie ins Gespräch kamen.
    Den abendlichen Nachhauseweg ging Kosinskys Sohn von da an mit ihr gemeinsam.
    Und die Wege, die sie zusammen zurücklegten, wurden immer länger.

Sie stammte aus einer alt eingesessenen Tiroler Lehrerfamilie. Dem Wunsch ihres Vaters entsprechend, hatte sie auch selbst wieder die Lehrerbildungsanstalt besucht.

Im Herbst sollte sie, in ihrer ersten Anstellung, eine Volksschule in einem Bergdorf übernehmen. Bis dahin wollte sie noch die Nähe der Stadt genießen.

Als die Ferialarbeit für beide endete, war ihre Beziehung enger geworden. Kosinskys Sohn musste zurück an die Universität, die Lehrerin in die Berge zu ihrer Schule. Von da an besuchte er sie regelmäßig an den Wochenenden.
Nach zwanzig Kilometern Bahnfahrt hatte er noch einen einstündigen Fußmarsch hinauf zu dem Weiler vor sich, wo sie bei einem Bauern wohnte. Im Winter war das Gehöft häufig nur mit Steigeisen erreichbar. Aber beide hatten sich in einem Maß ins Herz geschlossen, das viele Hindernisse überwindbar machte. Und derer gab es abseits der eisigen Wege genug.

Irgendwann erfuhr Kosinskys Sohn, dass sie einen Onkel hatte, der ein Radiogeschäft in Deutschland betrieb.
Und etwas später stellte sich heraus, dass dieser Verwandte niemand anderer war als der frühere Gauleiter Franz Hofer. Kosinskys Sohn erschrak zunächst. Erinnerungen an das Schicksal seines Vaters tauchten schemenhaft wieder auf. Gedanken über Recht und Unrecht mischten sich in seine Gefühle. Angst und Ohnmacht ließen Kosinskys Sohn leise und unmerklich erzittern. Weder war er jüdisch, noch wollte er sich als solcher fühlen müssen. So lange er denken konnte, war mit dem Wort etwas Schlechtes verbunden.
Aber wie hätte er die Lehrerin für die Gesinnung ihrer Familie verantwortlich machen können. Nahm er doch für sich in Anspruch, frei und unzugehörig zu sein.

Alfred Kosinskys Sohn lebte nicht in der Vergangenheit. Er hatte sie nicht zur Grundlage seines Lebens werden lassen. Er hatte seine Rückkehr nach Tirol als neuen Anfang empfunden, gelöst vom Schicksal des Vaters.

Er wusste kaum etwas Genaueres über die schicksalhafte Beziehung zwischen diesem Mann in Deutschland und seinem Vater, und er wollte auch nicht mehr an diese Zeit erinnert werden.

Das Land um sie herum erblühte im Wiederaufbau nach dem Krieg, und irgendwann im Lauf des Jahres beschlossen sie zu heiraten.

Da sie mit keiner materiellen Hilfe rechnen konnten, legten sie jeden ersparten Groschen zur Seite, um die restliche Zeit seines Studiums überbrücken zu können.

Nachdem sie ihre Verlobung bekannt gegeben hatten, luden ihre Eltern ihn zum Essen in ihr Haus ein. Kosinskys Sohn hatte ihrem bisherigen Desinteresse an seiner Person keine weitere Bedeutung zugemessen. Durch seinen Heiratsantrag glaubte er, die notwendige Klarheit geschaffen zu haben. Denn nur die Sorge um das Wohl ihrer Tochter konnte die unausgesprochene Ablehnung erklären.

An eine andere Möglichkeit hatten weder Kosinskys Sohn noch die Lehrerin gedacht.

Nach einem kühlen Empfang durch ihre Eltern wurde ihnen jedoch während des gemeinsamen Essens bewusst, dass ihrer Verbindung die Zustimmung der Lehrerfamilie versagt bleiben würde. Bohrend waren die Fragen ihres Vaters, wie der Biologiestudent seine Tochter zu ernähren gedächte.

Den Grund für diese Haltung erfuhr die junge Lehrerin erst, nachdem Kosinskys Sohn sie wieder verlassen hatte und sie mit ihren Eltern allein war. Ohne viel Umschweife fragte der Vater, ob sie sicher wäre, ihr Leben diesem „dahergelaufenen jüdischen Studenten" anvertrauen zu wollen. Und als sich die Tochter Hilfe suchend der Mutter zuwandte, hatte diese nicht mehr als ein stummes Kopfschütteln für sie übrig.

Trotzdem beschlossen die beiden, bald die Hochzeit zu feiern. Ihre Sorgen vertrauten sie dem Schutz dicker Kirchenmauern an. So hatte es Kosinskys Sohn in der Schweiz gelernt. In der kühlen, weihrauchversetzten Luft hatte er stets Ruhe und Sicherheit erfahren. Sie hatten das Gefühl, dass der Widerstand ihrer Eltern sie einander noch näher brachte. Beide hatten sie von einer Vergangenheit Abschied genommen und nur noch die gemeinsame Zukunft vor Augen.

## 1938

Das dichte Schneetreiben hatte am späteren Vormittag endlich nachgelassen. Trotzdem war es den Straßenräumern nicht möglich gewesen, die Bürgersteige auch nur halbwegs begehbar zu machen. Zu lange hatte das spät winterliche Wetter angehalten. Die Stadt versteckte sich unter einer alles verschlingenden weißen Decke. Regungslos hielten die Schneemassen die Straßen und alles Leben in ihnen gefangen.

Die Straßenbahnen hatten ihren Betrieb in den Morgenstunden eingestellt. Die Oberleitungen waren vereist, die Schneemenge machte ein Vorwärtskommen der Garnituren unmöglich. So war die Stadt lautlos zum Stillstand gekommen, ein letztes Mal für lange Zeit.

Alfred Kosinsky beschloss, entgegen seinen sonstigen Gewohnheiten, die Kanzlei an diesem Montag schon zu Mittag zu verlassen. Seine Gedanken waren nicht bei der Arbeit.

In Anbetracht der sich zuspitzenden Ereignisse war es ihm nicht möglich, sich auf die Sorgen anderer zu konzentrieren. Immer mehr betrachtete er sich als seinen eigenen Klienten, seinen einzigen und wichtigsten zugleich.

Er freute sich auf die von der Natur verordnete Ruhe am Weg nach Hause.

Auch Fräulein Grünbaums Versuche, ihn vorsichtig auf unerledigte Korrespondenz hinzuweisen, konnten an diesem Vorsatz nichts ändern.

So sehr Kosinsky es sonst genoss, kleinere Alltagssorgen seiner Sekretärin anzuvertrauen, spürte er, dass auch ihre Beziehung vor einer Wende stand.

Fräulein Grünbaum hatte die gegenseitige Nähe noch nie um eines eigenen Vorteils willen ausgenützt, aber er glaubte trotzdem, eine Klarstellung treffen zu müssen. Adele war die beste Sekretärin, die je in der Kanzlei angestellt war. Sie hatte ihm Sorgen abgenommen, ohne neue zu machen. Aber Kosinsky wusste, dass er eine klare Entscheidung treffen musste. Es gehörte zu seiner Verantwortung, persönliche Gefühle völlig von der Arbeit in der Kanzlei zu trennen.

So sehr ihn auch seine Herkunft mit Fräulein Grünbaum verband, so wenig wollte er daraus ein privates Naheverhältnis ableiten. Auch wenn sich ihre Denkweisen ähnlich waren, wollte er ihre Sorgen doch keinesfalls mit den seinen vermengt wissen. Auch wenn er ihre Angst vor der Zukunft spürte, musste er ihr klarmachen, dass jeder von ihnen seinen eigenen Weg würde gehen müssen.

Jede Nähe zur jüdischen Gemeinde war ihm unangenehm. Kosinsky wollte so gerne frei von Herkunft, frei von jeglicher Vereinnahmung seinem Beruf als Anwalt nachgehen können. Juden und Christen waren ihm einerlei, sofern sie seinen Platz außerhalb ihrer Gemeinschaften respektierten.

Er schätzte den gleichen inneren Abstand zu allen Schichten der Gesellschaft, empfand den gleichen Respekt für jeden Mandanten, der um seinen Beistand ersuchte.

Je mehr sich die Anzeichen für einen Einmarsch deutscher Truppen verdeutlichten, um so größer wurde seine innere Einsamkeit und wuchs die Bedrückung, sich in dieser Zukunft nicht ausreichend um Familie, Kanzlei, vor allem aber um die Kindheit seines Sohnes kümmern zu können.

Dessen Fragen und Beobachtungen zwangen ihn schon jetzt, einer Wirklichkeit in die Augen zu sehen, deren zunehmende Bedrohung er gerne durch Beschwichtigungen und Erklärungen zu entschärfen versucht hätte. Und wenn es Kosinsky auch immer wieder gelang, seine Frau und sich selbst zu beruhigen, fanden sie nicht einmal gemeinsam Möglichkeiten, den Argwohn des Vierjährigen zu überlisten, mit dem er auf die rauen Veränderungen im Tonfall der Straße reagierte.

In solche Gedanken verloren verließ er die Kanzlei in der Maximilianstraße und machte sich auf den Weg durch die Innenstadt nach Hause. Dort wollte er seine Frau und den Sohn mit seinem unerwarteten Kommen überraschen.

Schon im Stiegenhaus, nachdem er die schwere Tür der Kanzlei hinter sich ins Schloss hatte fallen lassen, überfielen ihn die Gedanken, die er seit Wochen und Monaten vor sich herschob. Immer noch hegte er die Hoffnung, er könnte sich die Auseinandersetzung mit ihnen ersparen. Im Treppenabgang bedrängten sie ihn aber mit solcher Wucht, dass er die Kälte kaum wahrnahm, die ihn auf der Straße umfing. Die ungewöhnliche Lautlosigkeit, die der Schnee verbreitete, ließ Alfred Kosinsky tief in sich selbst versinken, gleich seinen Schritten im Weiß der Winterlandschaft.

Die Heftigkeit der politischen Veränderungen im Nachbarland, die seit der Machtergreifung der Nationalsozialisten jeden nachdenklichen Menschen bewegen musste, versetzte Kosinsky in Unruhe. Auch wenn er insgeheim noch immer die unwirkliche Hoffnung hegte, dass die Grenzen Österreichs und ganz besonders die des Landes Tirol seine Welt vor Rassenwahn und Zerstörung schützen könnten. Je näher ein möglicher Anschluss an das Deutsche Reich rückte, desto öfter musste er daran denken, dass es ihm kaum möglich sein würde, den Nachweis einer arischen Abstammung zu erbringen.

Die einzige Beruhigung, die ihn auf dem Heimweg durch das winterliche Innsbruck begleitete, waren die Beschwichtigungen des illegalen NSDAP-Mitgliedes Franz Hofer.

Für ihn hatte Kosinsky eben einen aufsehenerregenden Freispruch erwirkt. Das Verfahren füllte seit Wochen die Gerichtsspalten der Tageszeitungen. Namhafte Vertreter des Ständestaates verübelten Kosinsky, dass er sich für das Mitglied der in Österreich verbotenen NSDAP eingesetzt hatte. Die einen vorsichtig, andere mit heftigen Angriffen. Aber Alfred Kosinsky fühlte sich weder den Illegalen noch den Regierenden, sondern nur dem Gesetz und dem Freiraum, den es eröffnete, verbunden.

Zwischen den beiden so unterschiedlichen Männern hatte sich im Verlauf der letzten Zeit eine Art von Freundschaft entwickelt, die weniger auf Sympathie als vor allem auf gegenseitiger Achtung beruhte.

Tief in sich fühlte Kosinsky aber auch die Möglichkeit, dass er die Verteidigung Hofers neben der beruflichen

Herausforderung auch deshalb übernommen hatte, weil sie ihn der Gefahr, die seiner Existenz drohte, näher brachte. Weil Franz Hofer die Angst begreifbar und in seiner Person wenigstens einen ihrer Repräsentanten verständlich machte. Vielleicht hoffte Kosinsky sogar, Hofer für seine Sorgen und Befürchtungen zugänglich zu machen.

Und unbestimmt beruhigten ihn die Worte seines Mandanten nach der Urteilsverkündung: Er würde ihm seine Bemühungen niemals vergessen und jederzeit behilflich sein. Offensichtlich sah Franz Hofer die unmittelbare Zukunft deutlicher und näher als sein Anwalt, freute sich auf seine Rolle, während Kosinsky sich fürchtete. Aber Kosinsky war erfahren genug, um zu wissen, was er von der Dankbarkeit solcher Stunden zu halten hatte. Vor allem glaubte er nicht daran, dass ihm Franz Hofer gegen all die beruflichen Einschränkungen helfen können würde, wie sie jüdischen Rechtsanwälten im Deutschen Reich schon auferlegt worden waren.

Und doch fühlte er sich an diesem verschneiten Mittag besonders zu Hause in dieser Stadt. Er war zwar nicht in Innsbruck zur Welt gekommen, hatte die Stadt aber so sehr als Heimat angenommen, dass ihm alle Gedanken über Gefahren, die ihm hier drohen konnten, unwirklich erschienen. Innsbruck war ihm nicht nur die Stadt der letzten beruflichen Erfüllung seines Vaters, sondern vor allem die Geburtsstadt seines Sohnes. Und ihm wollte Kosinsky die Unrast der eigenen Jugend ersparen. Wohl auch, weil er sich selbst im Schutz der Berge ringsum geborgen und sicher fühlte.

Der Schnee würde schmelzen, die Straßenbahnen wieder ihre metallisch quietschenden Geräusche von sich geben, wenn sie von einer Straße in eine andere abbiegen. Kosinsky würde wieder das Mercedes-Cabriolet aus der Garage holen und das leise Hämmern des ersten Frühlingsregens am Stoffdach genießen. Vor drei Jahren hatte er sich nach gründlichem Überlegen den lange gehegten Wunsch nach einem solchen Wagen erfüllt. Der Erwerb war keine Frage des Geldes. Seine Frau hatte ihn fast bittend vor dem Neid derer gewarnt, die jetzt schon mit den Fingern auf ihn zeigten. Aber Alfred Kosinsky wollte weder sich noch seinen Erfolg verstecken müssen. Auch wenn er mit Sorge auf die kommende Zeit blickte hatte er gehofft, selbst nichts verbergen zu müssen. So bemühte er sich, die auf ihn gerichteten Finger nicht wahrzunehmen. Und ein Teil der letzten Winter entlohnte ihn mit der Vorfreude auf die ersten gemeinsamen Ausfahrten im Frühjahr.

Das Leben würde wieder so sein, wie es früher war, sein Sohn in einer Welt groß werden, in der alle einen Platz finden könnten.

An seinen kleinen Sohn musste er oft denken, der Anwalt, kurze Zeit vor dem Anschluss, 1938, während er frierend durch die Stadt stapfte, unbehelligt, noch ein allerletztes Mal.

So sehr sich Kosinsky auch durch Hoffnung auf die Vernunft der Politiker auf beiden Seiten abzulenken versuchte, spürte er doch genau, dass seine Lage die eines gezähmten Tieres im Käfig war.

Auch er würde das offene Tor zur Flucht nicht benützen. Weil er genauso wenig glauben konnte oder wollte, dass man ihm in seinem Gehege Schaden zufügen könnte.

Obwohl ihm klar war, dass das Tor nicht ewig offen stehen würde. Kosinsky wusste auch, dass sich die politischen Veränderungen in Deutschland bei einem Übergreifen des Nationalsozialismus auf das österreichische Staatsgebiet nicht im geringsten abschwächen oder ändern würden. Nicht nur in der Behandlung der Juden, sondern auch all derer, die entsprechend den Nürnberger Rassengesetzen zu solchen erklärt wurden.

Obwohl der stetig lauter werdende Antisemitismus in Österreich Alfred Kosinsky schon lange bedrückte, hätte er gerne eine Zukunft für seine Familie gesehen. In seiner Heimat, Tirol.

Endlich hatte er das Haus in der Erzherzog-Eugen-Straße erreicht. Er war durchdrungen von der Kälte dieses Wintertags.

Und die Kälte der Zeit hatte gänzlich von ihm Besitz ergriffen. Dankbar sperrte er auf und drückte die Türschnalle. Wie immer, wenn er diese Grenze überschritt, fielen die Sorgen des Tages von ihm ab und er erwartete den stürmischen Empfang durch seinen Sohn und die Wärme, mit der seine Frau das gemeinsame Zuhause erfüllte.

Er hätte dem Sohn gerne den Teil Geborgenheit der eigenen Kindheit im Prag der Jahrhundertwende weitergegeben, den er dort empfunden hatte. Aber er ahnte schon seine Unzulänglichkeit als Vater. Gerade deshalb wollte Kosinsky dem Sohn alle Zeit und Großzügigkeit, die er neben seinem Beruf erübrigen konnte, schenken. Weit mehr, als üblich gewesen wäre. Und manchmal auch mehr, als seine Frau, die eigene Zurücksetzung nicht immer duldend, ertragen konnte.

Mehr und mehr war er gezwungen, die zunehmende Brutalität der Straße von seinem Sohn fernzuhalten.

Immer zudringlicher wurden die illegalen Marschierer, immer deutlicher die Gemeinheiten, die den Kosinskys zugerufen wurden. Und wenn diese seinen Sohn betrafen, so erschütterten sie Alfred Kosinsky tief. Er konnte bloß mutmaßen, welcher Zerrissenheit er den Buben aussetzte. Welche Wunden der kindlichen Seele zugefügt wurden und wie die Narben ein Leben lang nicht von ihm weichen würden. Doch der Sohn drängte immer wieder auf die Straße. Die Fahnen, Gesänge und Uniformen übten eine eigene Faszination auf das Kind aus. Dass er aber „Heil Hitler"-Rufe ausgerechnet aus dem Munde seines Sohnes hören musste, schmerzte Alfred Kosinsky besonders. Immer wieder versuchte er dem Buben die Gefahren, die von den Menschenansammlungen ausgingen, zu erklären. Oft schnappte er den Kleinen wortlos, hob ihn auf seine Schultern und trug ihn in das Haus hinein, während draußen weiter marschiert und geschrien wurde.

Wenigstens die Geborgenheit im häuslichen Leben wollte er seiner Familie bieten. Er hoffte, ihre Sicherheit zumindest zu Hause aufrecht erhalten zu können.

Mit einem Gefühl der Unsicherheit endete dieser winterliche Spaziergang. Alfred Kosinsky war verwirrt. Er lebte schon längst ein Leben, vor dem er sich stets gefürchtet hatte.

Diese Ungewissheit überspielte er mit der ihm eigenen Heiterkeit, aber auch mit Selbstverleugnung. Er versuchte, seinem Sohn eine Gegenwart zu verlängern, deren Ende schon längst gekommen war.

Denn bald an diesem Nachmittag stellte der Sohn eine bedeutende Frage, die wohl die schwerste in seinem Leben war: „Papa, warum sagen die Kinder Saujud zu mir?"

Kosinsky war völlig überrascht, die Nähe des Unheils dermaßen falsch eingeschätzt zu haben. Wie aus einem Traum gerissen, suchte er zugleich nach Fassung und einer Antwort. Doch wie sehr er sich vor Gericht auch das Jonglieren mit Sätzen zu eigen gemacht hatte, hier blieben ihm die Worte im Hals stecken.

Von Irrtümern und dummen Streichen der anderen Kinder, von eingebildeten Pimpfen sprechend, versuchte er später den Sohn zu beruhigen. Sie selbst, die Kosinskys, wären keine Juden und hätten nichts mit ihnen zu tun. So versuchte er den Sohn zu beschwichtigen und redete sich selbst wieder Zuversicht ein. In Gedanken fügte er noch hinzu, dass sie auch in Zukunft nichts damit zu tun haben würden, auch wenn er ahnte, dass er damit die neu angebrochene Zeit verleugnete.

Später dann spielten Vater und Sohn, am Boden kniend, wieder fern der Wirklichkeit mit der Eisenbahn. Sie genossen die ratternden Geräusche der Märklingarnitur, Runde für Runde. Wenn der Zug nach und nach langsamer wurde und schließlich ganz zum Stillstand kam, nahm Kosinsky den Vierkantschlüssel, beugte sich zur Lokomotive hinunter und zog die Feder auf. Je dichter das metallische Knacksen der Federspirale wurde, um so näher rückte der Zeitpunkt, an dem der Zug von neuem losrattern, das Gesicht des Buben wieder aufleuchten würde. So tröstete die Stunde Vater und Sohn. Den einen, weil die Modelleisenbahn für ihn Wirklichkeit war, den anderen, weil sie ihn die Wirklichkeit vergessen machte.

## 1960

Ein Jahr nach der Geburt ihres Sohnes erwartete die Mutter ein zweites Kind. Sie war glücklich darüber. Denn ihre neue Aufgabe ermöglichte den endgültigen Abschied vom Lehrerberuf. Sie versuchte, den Vater, der knapp vor dem Abschluss des Biologiestudiums stand, so gut wie möglich zu entlasten. Um durch das Schreien des Kindes nicht abgelenkt zu werden, verbrachte er die Tage zum größten Teil in der Universitätsbibliothek. Dort bereitete er sich auf die letzten Prüfungen vor. Und weil der Platz zu Hause knapp war, glaubte er, so auch seine Frau zu unterstützen. Die aber vermisste ihn von Zeit zu Zeit.

Das im Sommer verdiente Geld reichte gerade für das Notwendigste. An allen Ecken und Enden musste gespart werden. Der Vater konnte sich beim Abschluss des Studiums keine Verzögerungen erlauben. Er hatte sich schon um eine Assistentenstelle an der philosophischen Fakultät beworben. Vom Vorstand war ihm angedeutet worden, dass seine Aussichten, ausgewählt zu werden, gut waren. Auch aus diesem Grund musste er das Studium rasch zu einem Ende bringen.

Der Termin der letzten Prüfung fiel in die Zeit der erwarteten Niederkunft. Es war vorgesehen, dass Vaters Mutter sich dann um den Einjährigen kümmern würde.

Sie wohnte in unmittelbarer Nähe der kleinen Wohnung. Immer noch litt sie an dem wieder und wieder auftretenden Ziehen in der Brust. Doch es gab keine ernsthaften Anzeichen einer Verschlechterung ihrer Gesundheit.

Plötzlich aber, einen Monat vor dem Geburtstermin ihres zweiten Enkelkindes, verstarb sie unerwartet an einem Herzinfarkt.

Die Zeit der Beerdigung und die Trauer über den Verlust der Mutter überschattete die Freude auf die bevorstehende Geburt. Während Alfred Kosinskys Sohn zum zweiten Mal Vater werden sollte, war er selbst zum Waisenkind geworden. Obwohl erwachsen, fühlte er sich verlassen und beraubt. Schmerzliche Erinnerungen an frühere Entbehrungen und Ängste wurden wieder wach.

Der plötzliche Verlust der Mutter bereitete Kosinskys Sohn aber auch andere Sorgen. Es erschien ihm unmöglich, sich Tag und Nacht um seinen Sohn Julius zu sorgen. Auf keinen Fall wollte er den nahen Studienabschluss aufs Spiel setzen. Den, so dachte er, war er auch seiner verstorbenen Mutter schuldig. Fest glaubte er, dass es der größte Wunsch der Mutter gewesen wäre, seine Promotion zum Doktor der Philosophie zu erleben.

Die Großmutter mütterlicherseits um Hilfe zu bitten war ausgeschlossen. Auch hatte sie von sich aus keine Unterstützung angeboten. Und die meisten ihrer gemeinsamen Freunde waren Junggesellen. Oder Geistliche, die von vornherein als Retter in dieser Situation ausschieden. Und dennoch musste rasch eine Entscheidung getroffen werden.

In einem Dorf am Land, nicht unweit von Innsbruck, fand sich ein Kinderheim, wo Waisenkinder aufgenommen und großgezogen wurden. Es lag in einer sonnigen Gegend im Mittelgebirge, so weit von der Stadt entfernt, dass es von den Bombardierungen während des Krieges nicht betroffen war.
 Dort fand der Vater die gesuchte Hilfe.
 Der Gedanke, sich von ihrem erst ein Jahr alten Sohn auf diese Weise trennen zu müssen, brach der Mutter fast das Herz. Aber auch sie wusste keinen anderen Ausweg, nachdem der Vater wiederholt klar gemacht hatte, dass er sich außerstande sähe, bei Julius zu Hause zu bleiben und ihn zu versorgen. Kurz vor Mutters Geburtstermin brachten sie den Sohn in das Heim. Nachdem alle Formalitäten erledigt worden waren, bat die Kinderschwester die Eltern, im beiderseitigen Interesse rasch Abschied vom Kind zu nehmen.
 Der Knabe schrie und die Mutter unterdrückte ihre Zweifel. Die Kälte und Beharrlichkeit ihres Mannes stimmten sie nachdenklich.
 Der erste Geburtstag des Kindes wurde ohne Familie im Kinderheim gefeiert.

Da Julius' Bruder vierzehn Tage zu spät auf die Welt kam, verging insgesamt ein Monat, ehe die Zeit im Heim ein Ende fand. Weder der Vater noch die Mutter hatten ihm in diesem Monat einen Besuch abgestattet. Das Fernbleiben der Eltern war eine Bedingung für die Aufnahme ins Heim gewesen.

Später hörte der Sohn oft erzählen, wie sehr er beim Abholen geschrien habe. Er hätte seine Eltern weder erkannt, noch wäre er bereit gewesen, mit ihnen das Heim zu verlassen.

Wenige Monate später, am Ende des Jahres 1960 war der Vater Doktor der Philosophie geworden. Er hatte, knapp nach ihrem Tod, seiner Mutter einen letzten Wunsch erfüllt.

## 1963

Felizitas war die Bedienerin der Tante, bei der die Familie in Untermiete wohnte. Julius und seine Geschwister in einem Zimmer, die Eltern in einem zweiten Raum. Dieser diente zugleich als Schlaf-, Wohn- und Speisezimmer. Die Küche, den Vorraum und das WC teilten sie mit der Tante.

Nur an den Tagen, an denen Felizitas ins Haus kam, war alles anders. Niemals haben die Kinder sie zu sehen bekommen. Aber sie erkannten sie an den Geräuschen, die sie verursachte. Und an ihrem Körpergeruch, der noch Stunden nach ihrem Verschwinden in der Luft lag. Julius und seine Geschwister kannten auch die Farbe ihres Kopftuchs. Das bekamen sie immer wieder für kurze Augenblicke zu Gesicht, wenn sie heimlich durch das Schlüsselloch auf den finsteren Gang hinausspähten. Obwohl der Vater das streng verboten hatte. Dass die Strähnen ihres Haares, die unter dem Kopftuch heraushingen, grau waren, überraschte die Kinder. Graue Haare schienen nicht zu ihrer vermuteten Gefährlichkeit zu passen.

Das Betreten des Ganges in Gegenwart fremder Personen hatte der Vater unter Androhung größter Strafen untersagt. Und das galt auch für Felizitas' Anwesenheit.

Immer wieder wurden die Kinder, während Felizitas putzte, allein zu Hause gelassen. So lange sie in der Wohnung wäre, so erklärten die Eltern, sei Sicherheit garantiert.

Bevor die Mutter die Wohnung verließ, stellte sie einen Nachttopf in eine Ecke des Kinderzimmers. Denn um zum WC zu gelangen, hätten die Kinder den Vorraum durchqueren müssen. Dass das Aufsuchen der Toilette nicht gestattet war, schien allerdings ein untrügliches Zeichen für die Gefährlichkeit der Bedienerin zu sein. Felizitas war die erste bewusste Bedrohung in dieser Welt.

Auf keinen Fall wollten sie ihr begegnen oder ihren noch unbekannten Zorn erregen. Denn in ihrer Gedankenwelt war Felizitas die unumstrittene Herrscherin über den Vorraum und den Rest der kleinen Wohnung, solange sie gegenwärtig war. In ihrer kindlichen Phantasie wurde die Putzfrau zum unberechenbaren Gespenst. Und nur die Tür zum Kinderzimmer trennte beide Welten.

Die Erleichterung über ihr Verschwinden ließ erst nach, wenn der Geruch, den sie verbreitete, sich langsam verflüchtigt hatte.
    Wenn Mutter mit ihrer schweren Einkaufstasche Absatz für Absatz die Treppen heraufstieg, wich langsam die Beklemmung von den Kindern. Je deutlicher das Geräusch ihrer Absätze von Halbstock zu Halbstock wurde, um so leichter war die Angst zu ertragen. Erst wenn die Eingangstür hinter Felizitas zugeschlossen, der Topf von der Mutter hinausgetragen wurde und die Kinderzimmertür wieder offen stand, war diese kurze Zeit des Bangens und des Schreckens überstanden.

Irgendwann einmal, während Felizitas, der erste Feind, das Vorzimmer beherrschte, füllte sich der Topf mit den Ausscheidungen der Kinder in bedrohlicher Geschwindigkeit. Und es schien, dass sie ihre kleinen Körper um so öfter erleichtern mussten, je näher sich der Inhalt dem Rand des Topfes näherte. Unnachgiebig und unter Androhung harter Bestrafung hatte der Vater von Anfang an Sauberkeit und erste Beherrschung gefordert.

Es war den Kindern klar, dass bald ein schreckliches Unglück passieren würde. Es sei denn, die Mutter käme bei Zeiten zurück.

Noch wäre es möglich gewesen, den Nachttopf schnell über den Gang hinaus ins Klosett zu tragen und dort zu entleeren. Doch dazu hätte eine sofortige Entscheidung getroffen werden müssen. Und niemand hätte gewagt, eine solche Entscheidung gegen den Willen des Vaters zu treffen.

Nachdem den Kleinen auch jeder Wortwechsel mit der so gefährlichen Felizitas untersagt war, schied auch ein Hilferuf durch die geschlossene Türe von vornherein aus. So sehr sie die Putzfrau auch fürchteten, die Angst vor Bestrafung war noch größer. Und bald war entschieden, dass der Topf, was auch immer geschehen sollte, im Zimmer bleiben müsste.

Immer noch stieg die Flüssigkeit. Langsam, aber unaufhaltsam, sich dem flachen Rand des Nachttopfes nähernd. Bevor jedoch die weiß emaillierte Kante oder der Fußboden mit dem Inhalt des Topfes in Berührung kamen, endete diese Bedrohung abrupt.

Die Mutter war noch rechtzeitig zurückgekommen und hatte ein greifbar nahes Unglück im letzten Augenblick verhindert.

Die Qual aber, zwischen Felizitas und dem Topf zur Untätigkeit verdammt, auf Erlösung warten zu müssen, blieb.

# 1939

Schneller, als Kosinsky es sich vorgestellt hatte, waren Kanzlei und Klienten verschwunden. Seine Sekretärin Adele Grünbaum wurde vor seinen Augen von SS-Leuten abgeholt und war von da an unauffindbar. Alle Nachforschungen blieben erfolglos. In wenigen Wochen hatte sich ein Großteil seines Lebens in Nichts aufgelöst. Über Nacht, sozusagen. Wie in dieser Zeit alle wichtigen Entscheidungen vollzogen wurden.

Einer seiner eigenen Kanzleidiener hatte Alfred Kosinsky bekannt gegeben, wann er die Räumlichkeiten zu übergeben hatte. Ohne jede Emotion, mit SS-Binde am Oberarm. Die Hacken zusammengeschlagen und die rechte Hand zum Führergruß ausgestreckt.

Ohne ein Zeichen von Bedauern. Die langjährige Großzügigkeit Kosinskys vergessend, forderte er den Anwalt auf, alle schriftlichen Unterlagen einem unbekannten Anwaltskollegen aus dem Reich zu überlassen. Ein persönliches Gespräch wäre nicht erwünscht. Ein Einwand zwecklos.

Militärisch, mit hoch erhobenem Kopf, den Blick starr ins Nichts gerichtet, schrie er seinen Text, als hätte er ihn auswendig gelernt. Er teilte dem Anwalt mit, was ihm selbst oder seiner Familie zustoßen könnte, wenn er die Übergabe verzögern oder gar verweigern sollte.

Einen Ariernachweis hatten sie erst gar nicht verlangt. Und Alfred Kosinsky schlug nur blanker Hohn entgegen, als er versuchte, sich entsprechende Unterlagen von der Polizeidirektion zu beschaffen.

Verzweifelt bemühte er sich zu retten, was noch zu retten war. Er versuchte, offene Honorarnoten nachzumahnen und ausständige Beträge einzutreiben, um noch etwas Bargeld beiseite zu schaffen. Doch die Zeit arbeitete gegen ihn. Ein Verkauf des Mercedes scheiterte. Niemand war bereit, für einen Wagen Geld zu bezahlen, der ohnehin bald keinen Besitzer mehr haben würde. Lediglich die Erinnerung an das Auto konnte er behalten. Wo immer er um Hilfe und Verständnis bat, wurde er abgewiesen, bedroht und beschimpft. Immer öfter kehrte er unverrichteter Dinge nach Hause zurück. Angst und Ohnmacht machten sich breit. Kosinsky verließ aber dennoch weiterhin jeden Morgen die Wohnung, um den Schein eines gewöhnlichen Lebens zu wahren. Er wollte den Nachbarn nicht auffallen, die seine Familie ohnehin schon mit zunehmender Häme beobachteten. Vor allem aber um seines Sohnes willen, jeden Tag sich selbst und seine Familie betrügend.

Sein Haar und der Schnurrbart hatten sich während der letzten Monate grau verfärbt.

Aus dem vierten Stockwerk ihres Hauses wurden von der Hausmeisterfamilie Ansprüche auf die helle Erdgeschoßwohnung der Kosinskys erhoben, laut und respektlos, anders, als man der Familie des Rechtsanwalts bisher im Stiegenhaus begegnet war. Ein erzwungener Tausch gegen die wesentlich schlechtere Dachwohnung war nur noch eine Frage der Zeit.

Wie Ratten krochen braun behemdete, in Lederstiefel verpflanzte ehemalige Nachbarn aus ihrer Bedeutungslosigkeit hervor. Manche zu Beginn noch zaghaft, sich dann und wann auch betreten für die Verwandlung entschuldigend. Aber die Bergrücken rings um die Stadt konnten die braune Flut nicht aufhalten.

Zu Kosinskys Angst um die Sicherheit seiner Frau und des Sohnes gesellten sich bald die ersten Besuche der GESTAPO. Die Beamten erschienen immer zu zweit, zu jeder Tages- und Nachtzeit. In knielangen schwarzen Ledermänteln, schon von weitem am rhythmisch Klopfen der eisenbesohlten Absätze zu erkennen. Stets aufs Neue hoffte Kosinsky, die immer näher kommenden Geräusche hätten diesmal ein anderes Ziel.

Die Männer stellten stets die gleichen zermürbenden Fragen und duldeten keine der versuchten Antworten. Immer unverhohlener drohten sie mit Festnahme und Verhör durch die SS.

Dass Franz Hofer zum Gauleiter ernannt wurde, hatte Kosinsky mehr als einmal geholfen. Man sah den Anwalt häufig unter den Wartenden vor den Amtsräumen Hofers. Anfangs freuten sich beide Männer über ihre Begegnungen. Sie sprachen über den gewonnenen Prozess und die Jahre der Illegalität des einen. Franz Hofer war sichtlich stolz, dem Anwalt die Möglichkeiten seiner nunmehrigen Macht aufzuzeigen. Ganz beiläufig verlängerte er seinem ehemaligen Helfer eine Frist oder beschaffte ihm eine notwendige Genehmigung. Mit der Zeit aber spürte Kosinsky deutlich, dass er nur noch Bittsteller war, dass sie ihre Rollen getauscht hatten. Ohne je davon zu sprechen, machte ihm der Gauleiter klar, dass es im Deutschland des Führers keinen Platz für Juden gab. Dass ein Jude heute viel schlimmer als ein ehemaliger Illegaler war. Von Mal zu Mal wurde der Gauleiter distanzierter und unpersönlicher. Auch von bezahlter Schuld hatte Hofer einmal gesprochen. Und seine Hilfe hatte enge Grenzen, wie sich schnell herausstellte. Es blieb ihm unmöglich, Fräulein Grünbaum und ihre Eltern zu unterstützen, die scheinbar spurlos verschwunden waren. Und Alfred Kosinskys eigene Bedrängung durch die Nazis wurde von Woche zu Woche bedrohlicher.

Nachdem er, abgesehen von einigen kleineren Übersetzungsarbeiten aus dem Serbokroatischen für einen befreundeten Anwalt, keine bezahlte Arbeit finden konnte, beschloss Alfred Kosinsky, sein Sprachkenntnisse für sich selbst und seine Familie zu nützen.
  Schon seit der Anfangszeit seiner eigenen Kanzlei pflegte er Kontakt mit dem Anwaltsbüro der Brüder Fieri in Trient, deren Schwerpunkt die Bearbeitung von Wirtschafts- und Vermögensfragen deutscher Volksgruppenangehöriger aus dem jugoslawischen Raum war. Immer wieder gab es gemeinsame Treffen, immer wieder wurden Kosinskys Sprachkenntnisse bewundert und trugen so zum guten Ruf bei, den sich die Tiroler Kanzlei erworben hatte. Noch einmal sollte diese Verbindung für Kosinsky von Vorteil sein, unter anderen Voraussetzungen allerdings.

Von den Ereignissen seit dem März 1938 überrollt, entkräftet und abgemagert, verließ er Innsbruck, nur wenige Tage vor seinem einundvierzigsten Geburtstag, in Richtung Trient.

Am Bahnsteig zurück blieben neben einer Stadt, die er nicht wieder zu erkennen vermochte, das traurige Gesicht seiner Frau und das verständnislose Winken des fünfjährigen Sohnes, dessen Tränen sich in den eigenen brachen und verloren.

1966

Den ganzen Sommer über bewohnte die Familie ein hölzernes Häuschen inmitten eines verwilderten Gartens oberhalb von Innsbruck. Der Vater hatte es zu gleichen Teilen mit seinen Geschwistern geerbt, die vorläufig keine Ansprüche auf das Haus stellten.

Jedes Jahr im Herbst wurde der schon altersschwache Ford Anglia in einem verfallenden Schuppen neben dem Haus eingestellt. Die Kinder begleiteten den Vater stets auf dieser letzten Fahrt des Jahres: Aus der Stadt hinaus, vorbei am Gefangenenhaus, noch einmal Schwung aufnehmend, dann, immer mehr an Fahrt verlierend, die Steigung den Berg hinauf. Im ersten Gang letztlich, fast im Schritttempo, durch die verfärbten Wälder, die letzten Windungen der Straße bis ins Mittelgebirge.
    In der letzten Kurve, oft nur knapp, bevor die Temperaturanzeige des alten Wagens in den roten Bereich wechselte, konnte der Vater in den zweiten Gang hinaufschalten. Das war der Moment, in dem der Berg besiegt war.
    Nach der holprigen Fahrt über eine Schotterstraße hob der Vater den Wagen mit dem Wagenheber, bis er vier Holzpflöcke unter den Achsen postiert hatte. Dann wurde das Öl aus dem Motor ausgelassen und in einen vergilbten Kanister gefüllt. Die Batterie wurde ausgebaut und in einer Kiste untergebracht.

Wenn dann das Wasser im Haus endgültig abgelassen und alles winterfest gemacht war, machten sie sich wehmütig zu Fuß auf den Weg bis zur nächsten Busstation. Dort, in der Finsternis und Kälte des späten Herbstes, dachten sie an das schlafende Auto und die in Holzwolle gepackte Batterie und erinnerten sich an den vergangenen Sommer.

Sobald aber im Frühjahr der letzte Schnee geschmolzen und die Sonne beständig geworden war, wurde die Batterie mit destilliertem Wasser aufgefüllt und wieder eingebaut, das Öl in den Motor zurückgeschüttet, die Holzpflöcke entfernt. Wenn der Anglia nach etlichen Startversuchen dann angesprungen und das ganze Anwesen in bläulichen Benzinnebel gehüllt war, hatte der neue Sommer begonnen, und sie übersiedelten in das Häuschen zurück.

An den Wochentagen verließ der Vater die Familie am frühen Morgen mit dem Fahrrad und kam erst am Abend mit der Lokalbahn aus der Stadt zurück. Das Fahrrad hatte er im Paketwagen untergestellt. Von der Bahnstation schob er das Rad den steilen Hohlweg durch den Wald hinauf bis zur Schotterstraße. Und manchmal, wenn es Abend wurde, nahm die Mutter ihre Kinder an der Hand und sie gingen dem Vater gemeinsam entgegen. Meistens begegneten sie ihm noch im Wald, wo die Dämmerung schon früher einsetzte und alles eng und unheimlich war, manchmal erst, wenn er den Wald schon hinter sich gelassen und das Rad für den letzten abschüssigen Kilometer bestiegen hatte. Dann winkte er ihnen schon von weitem.

Er stieg ab, küsste die Mutter und hob eines der Kinder auf den Lenker des Waffenrades. So schob er sie dann bis nach Hause, und sie fühlten sich wie Könige hoch zu Ross.

An den Wochenenden versammelte der Vater die Kinder nach dem Frühstück und sie verließen das Haus in Richtung der umliegenden Wälder. Der Vater trug einen alten Rucksack, gefüllt mit Broten und Äpfeln und manchmal auch ein paar Stücken Kochschokolade für jeden von ihnen. Die Schokolade hatte er genau abgezählt und sorgfältig in Zeitungspapier gewickelt.

Bei Sonnenschein sammelten sie Blaubeeren, Himbeeren und andere Früchte des Waldbodens, bei feuchtem Wetter Pilze, und erst, wenn alle mitgenommenen Kübel und Dosen angefüllt waren, war an ein Nachhausegehen zu denken.

Dementsprechend unbeliebt waren diese Sonntagsausflüge bei den Kindern. Es schien ihnen, dass der Vater die Wanderungen um so weiter ausdehnte, je mehr sie sich nach Hause sehnten. Manchmal, wenn sie sich weigern wollten weiterzusammeln, hielt er ihnen vor, dass sie im Überfluss lebten und gar nicht wüssten, wie gut es ihnen ginge. Und wenn sie an regnerischen Tagen besonders lästig waren, herrschte er die Kinder auch an, dass sie dankbar sein müssten, den Wald jederzeit in Richtung Zuhause verlassen zu können. Ohne ihn zu verstehen, stapften sie dann gehorsam hinter ihm durchs Unterholz. Wussten nicht, wofür sie dem Wald Dank schuldeten, warum sie Feuchtigkeit und Nässe erdulden mussten. Für den Vater aber hatten die Streifzüge durch die Wälder offensichtlich eine große Bedeutung.

Dann und wann zeigte er seinen Kindern Bombentrichter, die aus dem Zweiten Weltkrieg stammten und ungeheuren Eindruck bei ihnen hinterließen. In ihrer Phantasie versteckten sie sich vor den unbekannten Angreifern und suchten im unwegsamen Unterholz Schutz vor der neuen Gefahr. Sie mussten nie das schreckliche Pfeifen der herabfallenden Bomben hören, aber die Beerensuche erschien nicht mehr so ungefährlich wie vor der Bekanntschaft mit den tiefen Mulden im Waldboden.

Da es im Mittelgebirge auch im Sommer kalt werden konnte, kamen sie nicht selten durchfroren und abgekämpft zur Mutter zurück. Dann fühlten sie sich besonders heldenhaft. Julius und seine Geschwister sonnten sich in ihrer Bewunderung, wärmten die zerkratzten Hände über dem Feuer im Küchenherd und hatten, von ihrem Vater dazu angehalten, den Wald wieder ein Stück näher kennen gelernt.

Fast ebenso unbeliebt wie diese Wochenendausflüge waren die Besuche bei dem alten Bauernehepaar, die an sich nicht so unangenehm gewesen wären. Immerhin war es ein Genuss, im Auto hinter dem Vater zu sitzen, seine Bewegungen am Lenkrad nachzuahmen und so den Wagen in der Phantasie selbst durch das Mittelgebirge zu steuern. Doch sobald die Familie beim Bauernhaus angekommen war, erwartete sie in der schmalen Gasse zum Hof die erste Ernüchterung: ein stinkender Misthaufen, vor dessen Geruch es kein Entkommen gab, der in Sekundenschnelle den Innenraum des Wagens durchdrang und sich in den Kleidern festsetzte.

Der alte Bauer hatte einen weißen Vollbart, sprach nicht viel und machte einen strengen Eindruck. Ganz im

Gegensatz zu seiner Frau, die die Kinder herzlich empfing, viel redete und Kaffee für die Mutter und frische Milch aus dem Stall für Julius und seine Geschwister auftischte. In der Zwischenzeit redete der alte Bauer am anderen Ende des Tisches mit dem Vater. Öfter glaubte Julius zu hören, dass da von seinem unbekannten Großvater die Rede war. Scheinbar mit der warmen Milch beschäftigt, versteckte er sein Gesicht in der Schale und lauschte aufgeregt dem Gespräch der Männer. Vom Wald und vom Heustadel oben am Berg war die Rede, und dass es oft knapp gewesen wäre. Die wenigen Worte des Bauern lösten die wildesten Vermutungen in Julius' Vorstellung aus. Vom „Versteck" und wie es dem Bauern öfter gelungen sei, die „SS" in die Irre zu führen, sprachen die beiden. Es war das erste Mal, dass Julius mit dem Klang des Wortes „SS" konfrontiert wurde. Vaters Gesicht schien um so angespannter, je freudiger der Bauer in seinen Erinnerungen schwelgte. Gegen Ende der Jause hatte sich Vaters Miene so verfinstert, dass Julius nicht wagte, Fragen zum Gehörten zu stellen.

Obwohl der alte Bauer, mit einer einzigen Ausnahme, nie ein böses Wort verloren hatte, war er eine Respekt einflößende Gestalt und es war den Kindern unverständlich, was den Vater so oft zu ihm trieb.

Als die Eltern die Bauersleute einmal gebeten hatten, einen Tag lang auf die Kinder aufzupassen, wurde der alte Bauer zum ersten und einzigen Mal zornig: Sie spielten auf dem engen Hof zwischen dem Stall und dem Misthaufen, in dessen Mitte sich eine betonierte Jauchegrube befand. Sie war mit dicken, verwitterten Brettern abgedeckt. Durch ein faustgroßes Loch in einem der Bretter passte nicht nur die Hand des Bauern, wenn er die Grube abdecken wollte. Mit einiger Mühe gelang es auch den Kindern, an diesem Tag eine im Hof herumliegende grüne Plastikflasche voller Öl durch die Öffnung zu stopfen. Als der Bauer die Tat bemerkte, tobte er und drohte, sie der Ölflasche, die unten auf der Jauche schwamm, folgen zu lassen. Starr vor Angst und Schrecken warteten sie an diesem Tag auf den Klang des Ford Anglia und die vertrauten Gesichter der Eltern. Im Traum suchten der grimmige Blick des Bauern, die „SS" und der unbekannte Großvater Julius heim und verbanden sich auf unheimliche Weise zu einer angsteinflößenden Bedrohung.

Das Annerl, die behinderte Tochter der Bauern, war dick und unbeweglich, hatte eine stechend hohe Stimme und einen unheimlichen Blick. Sie bewohnte ein eigenes Zimmer mit Blick auf den Misthaufen. Ihr Alter entsprach trotz des vollen Gesichtes dem der Mutter, wie den Kindern immer wieder gesagt wurde. Vermutlich um ihnen den nötigen Respekt einzuimpfen, denn ihre Züge waren die eines großen Kindes. Sie konnte sich kaum ohne Hilfe fortbewegen und saß fast den ganzen Tag am selben Hocker in ihrem Zimmer.
   Die Eltern hatten verboten sie anzustarren. Trotzdem mussten die Kinder jedes Mal in ihr Zimmer, um sich bei ihr zu verabschieden, und blieben dann mit ihren Blicken auf Annerls Gesicht hängen, teils voller kindlicher Neugier, aber auch verängstigt. Und wenn sie Julius mit verwaschenen und unverständlichen Sätzen ansprach und er aufgefordert wurde, ihr zu antworten, wusste er mehr als einmal nicht, was er erwidern sollte – er hatte kein Wort verstanden.

Mit dem Abschied aus Annerls Zimmer endeten auch stets die dunklen Besuche bei den Bauern. Erleichtert verschwanden die Kinder auf der Rückbank des Anglia und wollten nicht verstehen, warum man die Bauern dann und wann besuchen musste.

# 1940

In Trient schien sich alles noch einmal zum Besseren zu wenden. Alfred Kosinsky genoss die Anonymität in einem Land, in dem der Antisemitismus noch nicht jene Formen angenommen hatte wie in der nunmehrigen Ostmark. Er arbeitete für die Rechtsanwaltskanzlei der Brüder Fieri als Dolmetscher und manchmal beschlich ihn sogar wieder das Gefühl von Routine und Alltäglichkeit.

Aber die Schriftstücke, die er bearbeitete, die Verhandlungen, denen er als Übersetzer beiwohnte, erinnerten ihn stets an die Grausamkeit und Brutalität, mit der nördlich der Grenze zum Deutschen Reich Gesetz und Rechtsprechung von den Nationalsozialisten missbraucht wurden.

Kurz bevor er zurück nach Innsbruck reisen wollte, erreichte ihn ein Brief aus New York. Seine Cousine Odette und ihr Gatte Daniel hatten sich, im Gegensatz zu ihm selbst, stets zu ihrer jüdischen Herkunft bekannt. Jetzt sah Kosinsky die nächtelangen Diskussionen mit den Kaufmanns in einem anderen Licht. Immer wieder hatten sie ihn beschworen, rasch zu handeln und mit ihnen zu kommen.

Kreuz und quer schossen Alfred Kosinsky Gedanken für und wider seinen Aufenthalt in Italien durch den Kopf, während unter ihm die Räder im Takt der Schienenstöße ihn mit ihrem Rhythmus einschläferten. Bei aller eigenen Sicherheit vermisste er die Familie doch sehr – er wusste den Sohn zwar in guten mütterlichen Händen, aber doch die eigenen fern von ihm.

Er erinnerte sich an die langen Jahre seiner Junggesellenzeit. Trotz seines Bekenntnisses zum römisch-katholischen Glauben hatte er sich im österreichischen Ständestaat nur geduldet gefühlt, woran auch seine persönliche Bekanntschaft mit Kurt Schuschnigg und dessen Beschwichtigungen nichts ändern konnten.

Kosinsky schloss die Augen.

Er hatte geglaubt, aus Verantwortung auf die Gründung einer Familie verzichten zu müssen. Er hatte kommen sehen, was ihn jetzt in Angst und Sorgen belastete. Aber am Ende hatte die Wärme, die seine Frau mitgebracht hatte, seine Vorbehalte überwunden. Er war dahingeschmolzen, und beinahe beschlich ihn ein schlechtes Gewissen, als er seinen Sohn am Tage nach der Geburt zum ersten Mal in seinen Händen hielt.

Das Rattern und sanfte Schaukeln des Waggons ließ Kosinsky in einen unruhigen Schlaf fallen.

Umdämmert von den Rauchschwaden, die die kettenrauchenden Kaufmanns in die Luft stießen, hörte er im Traum deren Aufforderung, sich endlich zu bekennen. Zumindest um seines Sohnes willen. Doch er wusste nicht, wozu er sich bekennen sollte.

Das Klopfen der Achsen ließ ihn aufschrecken. Plötzlich überkam ihn die Erinnerung an das Hämmern der

Fäuste der SS-Leute an seine Haustüre. Bozen lag schon längst hinter ihnen.

Mit einem Schlag wurde ihm die Gefährlichkeit seiner Reise bewusst. Hellwach starrte er aus dem Fenster des Abteils. Er sah das langsame, stetige Näherkommen einer Telegrafenleitung, während die Landschaft vorbeiglitt. Kurz nach dem Passieren eines jeden der geteerten Holzmasten senkte sich das schwarze Kabel für ein paar Sekunden in sein Blickfeld, um dann wieder langsam nach oben zu entschwinden. Kosinsky stellte sich die Nachrichten vor, die neben seinem Zug ihren Weg zu den Menschen suchten. Eine ganze Welt von Gedanken und Schicksalen, in Draht gezwungen. Und er musste daran denken, dass die Nachricht, die er seiner Frau überbringen wollte, zu gefährlich für das Kabel war.

Er hatte den Entschluss tausendmal überdacht. Es gab keine andere Möglichkeit, als gemeinsam mit seiner Familie Europa zu verlassen. Der ganze Kontinent würde Feuer fangen, davon war er mittlerweile überzeugt. Seit Italien Abessinien annektiert hatte, war dieses Land zu einem beliebten Ziel für Europäer geworden, die vor der nahenden Bedrohung fliehen wollten. Immer weiter drang der Nationalsozialismus aus Deutschland heran und hetzte Menschen wie Kosinsky vor sich her. Ein wenig schämte er sich, nun verspätet seiner Cousine Odette Recht geben zu müssen.

Dass das Feuer über das Meer und die Wüste dringen würde, konnte und wollte er sich nicht vorstellen. In Äthiopien hoffte er, mit seiner Familie eine neue Heimat und für sich selbst Ruhe zu finden. Nun, wo ihm schon so viel genommen worden war, hatte er keine Schwierigkeiten mehr, sich von seiner Heimat zu trennen und noch einmal von vorne zu beginnen. Nur seine Frau musste er jetzt noch überzeugen.

In Sterzing wollte er den Zug verlassen. Dort wurde nach letzten Informationen noch nicht kontrolliert. In seinem Rucksack hatte er wetterfeste Kleidung und Proviant für drei Tage. In dieser Zeit hoffte er, abseits der gängigen Verkehrswege, unbemerkt bis Innsbruck gelangen zu können. Zu gerne hätte Kosinsky auch die Billets für die Schiffspassage und die Auswanderungspapiere mit sich genommen, als einen Pfand für eine bessere Zukunft. Aber es wäre leichtsinnig gewesen, solche Papiere bei sich zu haben, wenn er in eine Kontrolle geraten wäre. Sie hätten Verhaftung, vielleicht auch Verschickung bedeutet. So blieben die Reisepapiere und die Tickets in seiner Schreibtischschublade in der Kanzlei der Brüder Fieri versperrt.

Die Ruhe im Abteil noch einmal genießend, lehnte sich Kosinsky in die weichen Polster zurück. Noch einmal wollte er sich entspannen. Aber mit Beklemmung nahm er wahr, wie das Tal hinter Franzensfeste immer enger wurde. Je höher die Felsen sich auftürmten, um so finsterer wurde es in der Talsohle, und die Entbehrungen und Gefahren des kommenden Fußmarsches hatte er deutlich vor Augen. Das Fauchen der Dampflokomotive hallte von allen Seiten zurück, das Rattern der Garnitur auf den eisernen Brücken verlor sich im Tosen der Wasser unter ihnen. Der Zeitpunkt des Grenzübertrittes in eine fremde und gefahrvolle Welt rückte unaufhaltsam näher.

Am Bahnsteig in Sterzing verließ ein einzelner Bergsteiger den Zug von Verona nach Innsbruck. Auf seinem leicht gebeugten Rücken trug er einen prall gefüllten feldgrauen Rucksack. Er musterte die Gegend und verschwand bald im Wald hinter der Bahntrasse.

## 1966

Die sonntäglichen Kirchgänge begannen stets mit dem gleichen Ritual: Alle waren zu spät aufgestanden, die Eltern zu lange im Bett liegen geblieben, die Kinder konnten sich nicht rechtzeitig vom Spielen trennen. Woche für Woche wurden gute Vorsätze gefasst, aber nichts half. Jeden Sonntagmorgen herrschte das gleiche Chaos. Die Mutter verteilte Kleidungsstücke und schnell gestrichene Butterbrote an die Kinder, die noch nicht bei der Erstkommunion waren. Die anderen mussten bis zum Empfang der Hostie nüchtern bleiben.

Das WC war überlastet, das Badezimmer zu klein. Wer sich die Hände waschen wollte, musste fürchten, dem Vater bei seiner Morgentoilette in die Quere zu kommen, was bedeutete, dass man im schlimmsten Fall von oben bis unten angespritzt wurde.

Dann noch das Gedränge bei der Garderobe. Während die ersten schon zum Lift hinausgingen, streiften sich die letzten noch Jacken, Mäntel oder Hauben über. Und dann mussten sie noch einen Fußmarsch von einer halben Stunde hinter sich bringen, ehe sie in der Kirche ankamen, wo sie möglichst unauffällig einen hinteren Stehplatz einnahmen. Nur manchmal hatte der Vater ein Erbarmen mit ihnen und machte der Familie eine Autofahrt zur Kirche zum Geschenk. Dann bekamen zumindest die Mutter und die Schwestern einen Sitzplatz, während die „Männer" noch einen Parkplatz für das Auto suchten. Wenn sie diesen endlich gefunden hatten, standen sie erst recht hinten im Seitenschiff und hatten die Begrüßungsworte des Pfarrers wieder versäumt.

Das Zuspätkommen schien eine unabstreifbare Eigenschaft der Familie zu sein.

Ein bis zwei Mal im Monat wurde allerdings von vornherein das Auto benützt. Dann wurde die Mutter nach der Messe rasch zu Hause abgesetzt, damit sie mit dem Kochen beginnen konnte, und der Vater fuhr gemeinsam mit den Kindern zum „Institut". Das Institut war ein barackenartiger Zubau hinter dem Hauptgebäude der Biologie am Gelände der Universität. Was der Vater unter der Woche dort machte, wussten sie nicht so genau – nur so viel, dass er über Verhalten von Tieren forschte und dabei einen weißen Mantel trug. Und dass er einmal der Nachfolger des Professors werden sollte.

Der halbe Bau war fest gemauert und beherbergte die Arbeitsräume, die einen Respekt einflößenden, unbeschreiblichen Geruch verströmten. Die andere Hälfte bestand aus vergitterten Stallungen, die von Hasen, Mäusen und Ratten bewohnt wurden. Ihnen galten Vaters sonntägliche Besuche vor dem Mittagessen: Natürlich mussten sie auch am Sonntag mit Wasser und Nahrung versorgt werden. Dabei durften die Kinder dem Vater nicht nur helfen, sondern wurden auch dafür belohnt. Wenn sie alle Wasserbehälter angefüllt und wieder in die Halterungen an den Innenwänden der Käfige geklemmt hatten, durften sie sich über die Säcke mit dem gepressten Korn hermachen. Gleich den Ratten und Mäusen nagten sie dann an den Kornstücken. Eine größere Belohnung, als mit so gefülltem Mund durch den langen Gang des Instituts zu laufen, konnten sie sich nicht vorstellen.

Manchmal durften sie dem Vater zuschauen, wenn er einer Maus oder einer Ratte eine Lösung in die Nackenfalte spritzte. Zuerst befestigte er die Maus an allen vier Pfoten an den dafür vorgesehenen Klemmen am Tisch. Mit einer Hand packte er das quiekende Tier, während er mit der anderen die Injektionsnadel von hinten unter das Fell schob. Starr standen sie ihm gegenüber und bewunderten ihn, vor allem, weil er ihnen zuvor versichert hatte, dass das Tier nicht leiden würde.

Und dann zeigte ihnen der Vater im langen weißen Mantel das Foto seines Großvaters, das im Raum mit dem Behandlungstisch an der Wand hing. Es zeigte ihn in einem Mantel mit kurzem Stehkragen, wie ihn nun auch der Vater trug. Er stand inmitten des selben Raumes, in dem sie selbst in diesem Moment standen. Mit dem ernsten Gesicht eines Gelehrten blickte er über den Tisch, der mit Eprouvetten vollgestellt war. In solchen Momenten übertrug sich eine eigenartige Ehrfurcht vom Vater auf die Kinder, weit größer als jede Regung, die zuvor die Worte des Pfarrers in der Kirche auszulösen vermocht hatten.

Wenn die Kinder von solchen Besuchen im „Institut" nach Hause kamen und der Mutter erzählten, was sie erlebt und gegessen hatten, genossen sie es, durch ihre Berichte Abscheu und Ekel in ihr Gesicht zu zaubern. So sehr sie den Vater und seine Arbeit bewunderte, das Tierfutter, welches Julius und seine Geschwister an solchen Sonntagen als Vorspeise gegessen hatten, war ihr immer ein Gräuel. Die Kinder aber glühten vor Begeisterung und Verehrung für ihren Vater und seinen Beruf.

## 1968

Am späten Nachmittag irgendeines Apriltages waren sie in New York eingetroffen, aufgeregt und erschöpft von einer sechzehn Stunden dauernden Flugreise. Der Flug mit der silbernen Turbopropmaschine samt einer eiskalten Zwischenlandung in Island war wohl die längste, dafür aber auch kostengünstigste Möglichkeit, mit den Kindern in die USA zu reisen.

Eines Abends, beim Familientisch, hatte der Vater unvermittelt gefragt, ob sie alle mit ihm nach Amerika fahren wollten. Er hatte ein Stipendium erhalten und war eingeladen, einen Studienaufenthalt in den USA zu absolvieren.

Die vielen heimlichen Gespräche der Eltern in den vorangegangenen Wochen waren den Kindern nicht verborgen geblieben. Aber das Wort „Amerika" sprengte jede Vorstellungskraft. Es klang nach Abenteuer und neuem Anfang, nach Indianern und riesigen Städten, fremd und erstrebenswert zugleich. Eine märchenhafte Möglichkeit inmitten der Kindheit!

An jenem Tag musste es dem Vater gelungen sein, die Mutter endgültig zu überreden.

Natürlich wollten die Kinder nach Amerika! Und das schien auch die letzten Bedenken der Mutter zerstreut zu haben.

Die Mühen der Planung für die Reise der sechsköpfigen Familie müssen beträchtlich gewesen sein, doch der

Vater stürzte sich voller Energie und Zuversicht in das Abenteuer. Seine Tatkraft überwog die ängstlichen Zweifel der Mutter. In bunten Bildern schilderte er, was die Kinder alles erwarten würde. Er war so fest entschlossen, dass sie ihm auch bis ans Ende der Welt gefolgt wären. Je näher der Zeitpunkt der Abreise rückte, desto mehr Freude vermittelte er ihnen.

Für die Übersiedlung wurde eine riesige Holzkiste gezimmert, die, angefüllt mit dem nötigsten Hausrat, schon seit einiger Zeit unterwegs über den Atlantik war. Die Innsbrucker Wohnung war kahl und leer geworden.

Erleichtert trennten sie sich schließlich von der ausgeräumten Wohnung. Nur noch Gartenbetten und Matratzen waren dort geblieben.

Mit dem Nachtzug verließen sie Innsbruck in Richtung Luxemburg. Dann brachte sie das Flugzeug mit den vier riesigen Propellern zunächst nach Island. Nachdem es dort vor den neugierigen Augen der Kinder aufgetankt worden war, hob es endlich zum letzten Teil der großen Reise über den Ozean ab. In diesem Moment verschwanden Tirol und seine Berge für lange Zeit. Und sie sollten auch nie wieder jene Ausschließlichkeit zurückgewinnen, die sie bis dahin für Julius und die anderen besessen hatten.

Onkel Rudolf, ein Onkel der Mutter, holte die Familie vom Flughafen in New York ab. Die Kinder hatten bis dahin noch nichts von ihm gehört – eine von vielen neuen Bekanntschaften, die diese Zeit in ihr Leben brachte. Er sprach vertrautes Deutsch. Das milderte zunächst die Fremde.

Irgendwo zwischen Flughafen und neuem Zuhause übermannte sie der Schlaf, und als sie erwachten, hatte ein neuer Lebensabschnitt begonnen. Am Morgen durften die Kinder Onkel „Rudy", wie der „ausgewanderte" Onkel in den USA genannt wurde, auf einer Ausfahrt in seinem Dodge-Lieferwagen begleiten. Es war ein sonniger Frühlingsmorgen. Der frische, salzige Geruch des Meeres lag in der Luft. Die Herzen klopften vor Aufregung und Erwartung.

Nach dem Frühstück mit dem bis dahin nicht gekannten Orangensaft und weißem Toast machten sie sich auf den Weg. Sie teilten den gewellten Blechboden der Lieferfläche mit verpacktem Fleisch und klammerten sich an den Vorsprüngen der weiß lackierten Seitenwände fest. Der Geruch von Wurst und Fleisch, die der Onkel auslieferte, vermischte sich mit all den neuen Wahrnehmungen.

Zusammen mit Onkel Rudolf versorgten sie die weitläufig, in den grün bewachsenen Sanddünen verstreuten Ortschaften Long Islands mit Fleisch und Lebensmitteln und wurden selbst mit neuen, unauslöschlichen Eindrücken belohnt: Die sanften Schwünge der Gegend rund um Medfort, das tiefe Brummen des amerikanischen Motors, die fremde Sprache der Menschen, ein erster Blick aufs Meer und das Fehlen der Berge, die bis dahin ihr Leben begrenzt hatten, gaben das Gefühl einer ungeahnten Freiheit.

In der unmittelbaren Nähe New Yorks, der Name berühmt und doch unbekannt zugleich, zu erwachen, sollte noch eine tiefere Bedeutung beinhalten. Es war Frühling in seiner besten Art.

Eine von den Stimmungen, die scheinbar nur kurz und unbedeutend erscheinen und doch mit Ahnung zu tun haben müssen. Und ein ganzes Leben lang, mahnend und sich immer wieder aufdrängend, dieses zumindest in seinen Sehnsüchten mitbestimmen.

Eine neue Welt, ein neuer Mensch, der die Kinder in einer für sie bis dahin fremden Offenheit ins Herz geschlossen hatte, vor allem aber ein wie verwandelter Vater, freier und ruhiger, veränderten fast schlagartig ihren Lebensablauf. Zwar sahen sie den Vater nur an den Wochenenden, dann aber, nachdem sie ihn gemeinsam mit der Mutter am Freitag zu Mittag vom Bahnhof in Medfort abgeholt hatten, gehörte er bis zum Montag Morgen hauptsächlich den Kindern. Im Morgengrauen des ersten Wochentages verließ er sie wieder in Richtung Manhattan, wo er an der Rockefeller Universität arbeitete.

Aber Julius und seine Geschwister mussten auch eine unsichere, fast ängstliche Mutter kennen lernen. „Ihrer geliebten Berge beraubt", wie sie in den folgenden zwei Jahren noch oft sagen sollte. So sehr sich der Vater in der Fremde „wie zu Hause" fühlte, die Mutter sehnte sich täglich nach Tirol zurück. Dazwischen suchten die Kinder ihren Platz in der neuen Heimat.

Nach zwei Monaten wurde ihnen ihr neuer Onkel samt seiner Lieferfahrten geraubt. Zu sehr hätte Onkel Rudy, der lange vor dem Krieg nach Amerika ausgewandert war, nach dem Empfinden der Mutter die Geschicke der Familie in seine Hand genommen und ihre Eigenständigkeit und Unabhängigkeit in Frage gestellt.

Nach langem und zermürbendem Durchforsten der Wohnungsanzeigen in den Wochenendausgaben der New York Times bezog die Familie das Obergeschoß eines Vororthauses in New Rochelle. Unten wohnte die Familie Corigliano aus Italien und im Garten deren zwei Hunde, Whisky und Ginger, in einem vergitterten Zwinger. Hier, in diesem gepflegten Vorort New Yorks, inmitten blühender Sträucher und grüner Bäume, war ab jetzt ihr Zuhause. Mit dem Bruder gemeinsam teilte Julius erstmals ein eigenes Zimmer. Die Kinder genossen die erste Pizza von den Coriglianos, die in der Nähe ein Restaurant betreiben. Alles war neu.

Man, und das schien den Eltern wichtig gewesen zu sein, war endlich wieder für sich allein, konnte nicht mehr vereinnahmt werden.

Nun sahen die Kinder auch ihren Vater wieder täglich. Der Weg in die Arbeit war durch den Umzug derart verkürzt worden, dass er ihn jeden Morgen bewältigen konnte. Und sie sahen ihn wirklich gerne, zu der Zeit.

Eine Schule wurde für die Kinder ausgesucht, die ersten Räder bekamen sie von Nachbarn geschenkt. Sie wurden mit ungekannter Freundlichkeit aufgenommen und fühlten sich fast, als wären sie etwas besonderes.

Die Lehrerin hieß Mrs. Wiener und hatte weder ihr Land noch seine Hauptstadt gekannt.

Eine schwarze Mitschülerin namens Belinda erhielt hinter einer Holzhütte heimlich einen ersten Kuss. Die erste Liebe Julius', die nicht der Mutter galt.

Und zu Halloween schleppten sie Säcke randvoll mit Süßigkeiten nach Hause.

So war die Mutter zwar ständig von ihren vier Kindern umgeben, fühlte sich aber doch einsam zugleich. Die Dimensionen der neuen Heimat waren ihr zu groß, die Menschen und deren Sprache zu fremd. Aber wie durch ein Wunder wurde Mutters unausgesprochene Sehnsucht nach einer Freundin im fremden Land erhört.

Von einer Polizistin, die bei einem Schutzweg auf die Sicherheit der Schüler achtete. Die Sprache, die von der Mutter mit den vier Kindern gesprochen wurde, erinnerte sie jedes Mal an die eigene Heimat. Und so sprach sie die Frau eines Tages auf ihre Herkunft an.

Betty, so stellte sich heraus, war nach dem Krieg von einem amerikanischen Soldaten aus dem zerstörten Bayern in die Vereinigten Staaten mitgenommen worden. Und war ihrerseits immer noch ähnlich betrübt über den Verlust der Heimat wie die neue Bekannte aus Tirol.

So begann eine anhaltende und innige Beziehung zwischen den beiden Frauen, die lange über den Aufenthalt in den USA hinaus Bestand haben sollte.

Eines Tages, die Geschwister hatten sich bereits gut eingelebt, versperrten ihnen größere amerikanische Kinder die letzten hundert Meter am Weg zur Schule und begannen zu rufen: „Germany, Nazi, Germany, Nazi!"

Nichts ahnend gingen die Kinder weiter. Doch die Rufe: „Germany, Nazi!" wurden immer lauter und aufgeregter. Und sie waren unüberhörbar an Julius und seine Geschwister gerichtet. Immer enger und bedrohlicher wurde der Kreis der schreienden amerikanischen Kinder um sie herum. Julius glaubte zunächst an ein Missverständnis, denn er hatte keine Ahnung, wodurch sie solchen Zorn hervorgerufen haben könnten. Aber es war kein Irrtum. Die anderen Kinder ließen sich nicht beschwichtigen und skandierten weiterhin ihren Ruf. Julius versuchte seine jüngeren Geschwister zu beschützen, indem er sie mit beiden Armen umfing und Meter für Meter vor sich herschob.

Verschreckt und eingeschüchtert setzten sie, weiter von den Rufern umzingelt, den Schulweg fort.

Aber weder dort noch zu Hause gab es eine befriedigende Erklärung für den Vorfall, der einen tiefen Kratzer in ihrem neuen Leben hinterließ.

Das Schweigen des Vaters ließ die bedrückende Frage, ob sie in irgendeiner Form schuldig waren, völlig offen. Erst nach etlichen Tagen und wiederholtem Fragen erfuhren sie von ihm, dass sie „mit all dem" nichts zu tun gehabt hätten und es sich vermutlich um einen Irrtum der älteren Schüler gehandelt habe.

Was aber zurückbleiben sollte, war ein neues, unerklärliches Stück Einsamkeit und das Gefühl, nicht dazugehören zu können.

## 1940

Im Spätsommer des Jahres war es Alfred Kosinsky geglückt, sich gemeinsam mit dem Rest seiner Familie bis nach Neapel durchzuschlagen. Der ursprüngliche Fluchtplan hatte sich durch den Abschluss der deutsch-italienischen Verträge unerwartet verkompliziert. Es war nicht leicht gewesen, seine Frau und den Sohn unbemerkt über die Grenze nach Italien zu bringen.

Die Angst hatte Kosinsky wieder eingeholt.
Er war erneut aus dem Gerichtssaal verbannt, von jeder öffentlichen Tätigkeit ausgeschlossen. Und die Personenkontrollen hatten sich rasch über ganz Italien ausgedehnt. Die nach den Nürnberger Rassengesetzen Abgestempelten wurden jetzt auch in Italien gesucht und Zug für Zug, Waggon für Waggon abtransportiert. Was hätte er darum gegeben, vor zwei Jahren mit Odette und Daniel Kaufmann im Zug nach Paris gesessen zu sein! Dort wäre er mit seiner Familie von einer Vielzahl weitschichtig Verwandter erwartet worden. So aber hatte er niemanden, dem er seine Sorgen anvertrauen konnte.

Und wieder hatten die Fieris geholfen. Über viele Stationen und erst nach etlichen Tagesreisen hatten sie Kosinsky mit seiner Familie und dem Gepäck in ihrem völlig überladenen Fiat bis in den Hafen von Neapel gebracht.

Dort standen sie jetzt inmitten stinkender Fischerstände, umringt von ihren Koffern und den anderen Habseligkeiten und konnten schon den Schriftzug „Maria Magdalena" am Bug des Frachters ausnehmen. Aber der Weg auf das Schiff, so wurde für die Wartenden immer deutlicher, sollte noch ein steiniger werden. Ab nun konnten auch die Brüder Fieri nicht mehr helfen, die treuen Freunde aus Trient verabschiedeten sich mit Tränen in den Augen und überließen die Kosinskys der Einsamkeit.

Die ersten Kontrollen im Hafengelände wurden noch von italienischen Beamten allein durchgeführt. Ihre Genauigkeit war nicht die der Deutschen. Immer wieder gelang es Alfred Kosinsky, sie von der Richtigkeit der Angaben in seinen Papieren und Reiseunterlagen zu überzeugen. Näher und näher schob er sich, seinen Sohn fest an der Hand haltend, inmitten der angespannt schweigenden Menschenschlange an den rostigen Rumpf des Frachters heran, der fast majestätisch im Wasser lag. Gemeinsam, sich mit seiner Frau abwechselnd, schob er die Gepäckstücke mit den Füßen weiter und weiter über die Pflastersteine, um dem Sohn die Hand nicht entziehen zu müssen. In Sorgen versunken, bemerkte er von Zeit zu Zeit das ruckartige Ziehen des Buben an seinem Arm, wenn er ausreißen und den umherstolzierenden Möwen nachlaufen wollte.

Zuletzt aber baute sich noch eine letzte Holzhütte zwischen ihnen und dem Landungssteg der „Maria Magdalena" auf. Einzeln oder in kleinen Gruppen wurden die Menschen eingelassen. Und so weit man es sehen konnte, beschritten sie wenig später den Steg, der in den Bauch des Schiffes hineinführte.

Seemöwen wechselten kreischend ohne jede Einschränkung ihre Standorte. Standen am Kai, am Dach der Hütte und umflogen den Frachter scheinbar völlig ungehindert. Mit Gedanken an die Arche Noahs, an die ihn der Einzug der Passagiere samt ihrem Gepäck erinnerte, versuchte sich Alfred Kosinsky abzulenken. Aber die Anspannung war übermächtig.

Als sie endlich an der Reihe waren, wurde ihnen die Tür geöffnet. Nachdem sie eingetreten waren und der italienische Zollbeamte den Zugang hinter ihnen geschlossen hatte, erkannte Kosinsky aber, dass er Deutschen gegenüberstand – Männern der GESTAPO.

An der Hand seines Vaters erlebte Kosinskys Sohn, wie ein Mann mit Lederstiefeln und schwarzer Uniform die Papiere aus des Vaters Hand an sich nahm und zu einem Schreibtisch in einer Ecke der Hütte brachte. Dort redete er leise eine scheinbare Ewigkeit mit einem Mann in Zivil und beschäftigte sich dann mit etlichen zusammengehefteten Papierlisten.

Später, Kosinsky hielt wie erstarrt die Hand seines Sohnes noch immer eisern umklammert, griff er zum Hörer des Telefonapparates, der am Schreibtisch stand, und wählte eine endlos lange Ziffernfolge. Der Mann in den glänzenden Lederstiefeln sprach nicht viel. Manchmal murmelte er unverständliche Worte in den Hörer und machte sich Notizen. Verunsichert und ängstlich blickte Kosinskys Sohn in das zunehmend angespannte Gesicht seines Vaters hinauf, je länger das so erzwungene Warten andauerte.

Als der schwarz uniformierte Mann nach langer Zeit zurückkam, waren die Reiseunterlagen verschwunden. Der Beamte trat, fast behutsam, ganz nahe an Kosinsky heran, starrte ihm zunächst eine unerträgliche Weile ins Gesicht und begann dann, völlig unvermittelt, wild gestikulierend mit ihm zu schreien.

Es gelang Kosinsky, den in diesem Augenblick ein unbeherrschbares Zittern der Finger und Hände erfasst hatte, gerade noch, den Sohn seiner Gattin zuzuschieben, bevor sie in der um sich greifenden Aufregung endgültig voneinander getrennt wurden.

Unter dem Geschrei der Männer in Uniform verloren sie sich im Gedränge aus den Augen. Keiner von ihnen sollte an jenem Tag die „Maria Magdalena" betreten.

1969

Tante Odette war „ihre" Tante in New York. Niemand stand den Kindern so zur Seite wie sie. Auch wenn sie schon eine erwachsene Tochter und eigene Enkelkinder hatte, für die Geschwister war sie jung geblieben wie selten jemand zuvor. Eigentlich war sie Vaters Tante, doch sie bestand darauf, auch von ihnen so genannt zu werden.

Im Gegensatz zu Mutters Onkel Rudolf hielt sie sich geschickt im Hintergrund und hatte sich doch schon bald unentbehrlich gemacht. Dass sie weder einen Beruf noch sonst irgendwelche Verpflichtungen hatte, machte sie zeitlich ungebunden. Wann immer die Eltern einen Babysitter brauchten, versuchten sie, bei Betty angefangen, die wenigen in Frage kommenden Freunde in New York zu kontaktieren, landeten aber immer wieder bei Tante Odette.

Sie verwöhnte die Kinder, sobald die Eltern das Haus verlassen hatten, mit Geschichten aus alten Zeiten und fernen Ländern, und wenn sie damit einmal begonnen hatte, konnte sie nichts mehr stoppen. Scheinbar vergaß sie sogar ihr silbernes Zigarettenetui, dem sie sonst regelmäßig eine Zigarette entnahm. So lernten sie fremde Städte und unbekannte Menschen kennen, und ihr Erzählstil war so eindringlich, dass sie nur noch lauschten und das Zubettgehen völlig vergaßen.

Dass die Kinder am nächsten Morgen länger schliefen als sonst, war auch den Eltern nicht unangenehm. So wurde die Tante zu einem häufigen Gast in der Eastchesterroad. Kein Kindergeburtstag, kein Familienfest wurde ohne sie gefeiert.

Eines Tages, die Eltern waren wieder außer Haus, fasste sich Julius ein Herz und erzählte der Tante die Geschichte von den „Germany, Nazi"-Rufen. Der Vorfall beschäftigte ihn immer noch.

Da erzählte die Tante zum ersten Mal die lange Geschichte vom Zweiten Weltkrieg, und wie die USA gegen Hitler-Deutschland gekämpft hätten, und dass alle, die Deutsch sprachen, zu dieser Zeit von den Amerikanern „Nazis" genannt worden wären.

Aber sie erklärte Julius auch, dass seine Familie nicht zu den Nazis gehört hätte. Und dass der Großvater aus der Heimat fliehen hätte sollen – beizeiten. Mehr sagte sie nicht. Und hatte damit noch größere Neugier in Julius geweckt.

Ebenso häufig besuchte sie Betty. Keine Woche, ohne dass Mutters New Yorker Entdeckung nicht mindestens einmal zum Kaffee gekommen wäre. Kein Sonntag, an dem sie sich nicht nach dem Gottesdienst gesehen hätten oder zum Mittagessen bei ihr geblieben wären. Denn Betty war neben ihrem Beruf als Polizistin Kirchdienerin der „Holy Family"-Kirche. Und auch in New York blieb der wöchentliche Kirchgang ein unantastbares Bedürfnis der Mutter. Wie oft sie Betty aber auch sahen, sie war eben Mutters Freundin. Und wenn es auch nicht den geringsten Grund gab, sich über sie zu beschweren, so war sie doch nicht wie Tante Odette.

Deren Gegenwart verwandelte in unbegreiflicher Weise den Vater und die Stimmung in der Familie. Stets trug er, wenn sie zugegen war, eine Krawatte und ein frisches weißes Hemd. Er schien sich prächtig mit ihr zu verstehen und genoss es mit den Kindern zusammen, wenn sie von früher erzählte. Er stellte ihr Fragen und sie antwortete ihm mit ganzen Geschichten. Nur im Nachhinein hätte man glauben können, dass er durch geschickt gestellte Fragen ihre Ausführungen lenkte. Vor allem Julius spürte die Spannung, die sich dann und wann zwischen dem Vater und Tante Odette aufbaute.

Freundlich und liebenswürdig war in diesen Momenten auch sein Umgang mit den Kindern, was diese auch ausnützten und sich Freiheiten nahmen, die es sonst nicht gegeben hätte. Aber nie hätte der Vater sie dafür bestraft. Odettes Anwesenheit ließ seine Geduld mit den Kindern scheinbar ins Grenzenlose wachsen. Und auch wenn sie mit dem Bus wieder am Heimweg zu ihrer Wohnung in Brooklyn war, blieb der Vater wie aus einer anderen Welt. Saß mit den Kindern am Boden und baute herrliche, von innen beleuchtete Wolkenkratzer aus Lego-Steinen, die den Originalen in ihrer Pracht um nichts nachstanden.

Im Gegensatz zu Betty und ihrem Mann Alfonso umgab Tante Odette immer ein Hauch von Geheimnissen. Ihr Mann war vor vielen Jahren in ihrer neuen Heimat New York verstorben. Sie sprach nicht leicht darüber, aber sie konnte die Fragen der Kinder irgendwann nicht mehr umgehen. Selbst die hatten bemerkt, dass die Tante nicht gerne darüber redete, aber einmal angefacht, war die kindliche Neugierde nicht mehr zu löschen. Und so erzählte Tante Odette eines Tages, als die Eltern wieder einmal weg waren, ihre eigene Geschichte.

Nachdem es für sie und ihren Mann in Deutschland zu unsicher geworden wäre und sie das Land verlassen mussten, sei sein Herz erkrankt. Und trotz aller Arzneien wäre es nicht mehr genesen.

Die Kinder vermuteten, dass es sich um dasselbe Deutschland handelte, das auch Betty an Alfonsos Seite verlassen hatte, ohne am Herzen zu erkranken. Doch dass dieses Deutschland unsicher geworden wäre, hatten sie noch nie gehört. Und während Betty ihr Deutschland von Zeit zu Zeit besuchte, blieb Tante Odette stets in Amerika. Und wann immer Julius oder ein anderes der Kinder dem Vater eine Frage stellte, die mit den beiden neuen Tanten und ihrer ursprünglichen Heimat zu tun hatte, schwieg er oder ging einer Antwort aus dem Weg. Manchmal, wenn andere Erwachsene zugegen waren, elegant, wie es seine Art war, oft aber schroff und hart, wenn die Familie unter sich war.

Irgendwann waren sie bei Tante Odette in Brooklyn eingeladen. Die Kinder zogen ihre besten Kleider an, der Vater trug einen Anzug, was er nur selten tat, Mutter legte sich die Perlenkette um den Hals, hüllte sich in ein wunderschönes Kostüm und fühlte sich sichtlich unwohl. Beim Anblick der reisefertigen Familie lächelte sie gezwungen. Wie zwanglos waren da die Besuche bei Betty.

Bei der Tante angelangt, wurden die Kinder noch einmal ermahnt, sich gut zu benehmen.

So sehr sie sich immer auf Odette freuten, so fremd erschien sie plötzlich in ihrer eigenen Umgebung. Die Wohnung war, entgegen ihren Erwartungen, eng und voll von sonderbaren Gegenständen. Auf einer Kommode stand auf einem kleinen Teppich ein siebenarmiger Kerzenleuchter. Der Tisch, der den größten Teil des Raumes einnahm, war schon gedeckt. Um ihn herum saßen etliche ältere Menschen, die sie noch nie gesehen hatten. Feierlich wurden die Kinder vorgestellt und ihren Sitzplätzen zugewiesen. Die Stimmung war so sonderbar, dass sie auch ohne Ermahnung stumm geblieben wären.

Dann begannen Tante Odette und die fremden Menschen mit dem Vater zu reden. Sehr höflich, fast feierlich schienen sie sich an ihn zu wenden. Einer nach dem anderen stellte sich vor und begrüßte den Vater mit eigentümlichen Worten. Aber spätestens nach der Suppe bekamen die Kinder immer mehr den Eindruck, dass die Fremden auf den Vater einredeten. Was immer der Vater von sich gab, einer aus der Runde entgegnete ihm immer, als wollte er ihn überreden. Wenn die Kinder überhaupt etwas verstanden, dann noch am ehesten, dass der Vater bleiben sollte und dass die versammelte Runde ihm dabei behilflich sein würde.

Der Vater wehrte sich, ohne unhöflich zu sein. Er kämpfte mit Worten, während die Haltung und die Bewegungen der Mutter keine Zweifel an ihrer Meinung ließen.

An jenem Abend schien irgendein Geschäft nicht zu Stande gekommen zu sein. Aber letztlich verstanden die Kinder kein Wort, während Odette ihnen, freundlich wie immer, das Essen austeilte.

Beim Nachtisch hatten sie dann den Eindruck, dass ihr Vater die Oberhand gewonnen hatte. Auch die Mutter wurde ruhiger, und bald danach verließen sie gemeinsam Brooklyn.

Es sollte ihr einziger Besuch in Tante Odettes Wohnung bleiben. Sie jedoch besuchte die Familie weiterhin regelmäßig in New Rochelle. Sie blieb nahe, während der Vater seit dem merkwürdigen Mittagessen versuchte, eine seltsame Art von Abstand zu ihr zu halten.

## 1941

Die Verhöre waren das Grausamste, was er je erlebt hatte. Zu beliebiger Nachtzeit und auch am Tag wurde Kosinsky ohne Ankündigung aus der Zelle abgeholt und über den Hof in die Räume der GESTAPO geführt. Dort musste er stehend oder auf einem hölzernen Hocker sitzend stundenlang auf seine Einvernahmen warten, die nichts anderes waren als wüste Beschimpfungen und Einschüchterungen, mit dem einzigen Zweck, ihn zu zerbrechen.

Abhängig von der Tageszeit wechselten die Gesichter der ganz in Leder gekleideten Männer, die die Verhöre abwechselnd führten. Manche von ihnen kannte er noch von seiner Zeit bei Gericht. Ihr Umgang mit ihm war besonders herablassend und voller Spott. Immer wieder drohten sie ihm mit Abtransport und die Art, wie sie das Wort verwendeten, ließ eine schnelle Hinrichtung noch als Gnade erscheinen.

Besonders schlimm waren die Verhöre in der Nacht. Sie warteten, bis er schlief, dann weckten sie ihn und führten ihn in eines der kahlen Zimmer mit Blick auf die Gasse. Während er dort im Finstern stehend warten musste, hatte Kosinsky Zeit, die tröstlichen, matten Lichtkegel der Straßenlaternen zu suchen, die früher so oft warme Schattenmuster auf die Kühlerhaube seines Mercedes-Cabriolets geworfen hatten, wenn er spätabends von der Kanzlei nach Hause fuhr. Er versuchte, die Erinnerung an das grünlich matte Licht der Instrumententafel des Wagens festzuhalten, er klammerte sich an längst vergangene Tage, an die liebevolle Art Fräulein Grünbaums, ihm die anstrengenden Tage vor Gericht erträglich zu machen. Vor allem aber suchte er immer wieder verzweifelt seine Gattin und den Sohn, versuchte, Gerüche und Gesten der beiden festzuhalten, klammerte sich sehnsüchtig an die Wärme der Vergangenheit, um nur nicht schwach und willenlos zu werden. Kosinsky stemmte sich gegen die Müdigkeit und Verzweiflung, denn die Angst und der Schlafentzug machten ihn mürbe und anfällig.

Dann, plötzlich, schalteten sie das grelle Licht an.

Aber er wusste, dass er das Geheimnis seines Radioapparates um jeden Preis für sich behalten musste. Nicht am Tag und auch nicht in der Nacht durfte ihm ein Wort darüber entkommen, das hätte unweigerlich den Tod zur Folge gehabt.

Immer wieder hielten sie ihm seine Rundfunkteilnahme-Erlaubnis vor, die ihn zur Benützung eines Empfangsgerätes ermächtigte.

Kosinsky war stolz auf die erst siebente in der Stadt ausgegebene Radiobenutzungsnummer gewesen. Niemals hätte er sich träumen lassen, deswegen in solche Bedrängnis zu geraten.

Sie hörten nicht auf, ihn nach dem Versteck der Empfangsanlage zu fragen. Sie boten ihm Schlaf an, ein Wiedersehen mit seiner Familie, drohten ihm mit dem Erschießen und lockten ihn mit Freilassung. Aber wenn sie ihn auch wegen seines früheren Berufes besonders quälten und erniedrigten, sie schienen nicht damit zu rechnen, dass ihn seine Erfahrungen hart und widerstandsfähig gemacht hatten. Auch nach Tagen war es ihnen noch nicht gelungen, ihn zu einer Unterschrift unter ein Geständnis zu nötigen.

Dabei hatte alles so harmlos begonnen.
Beim Erwerb eines der erlaubten Volksempfänger dachte Kosinsky nicht daran, seinen Universal Empfangsapparat abzugeben, weil er auf die Langwellen-Übertragungen klassischer Musik aus dem Ausland nur ungern verzichten wollte und ihm die ständig ausgestrahlte Propaganda der Nazis ein Gräuel war.

Dass auf das Abhören von Feindsendern seit dem Beginn des Krieges die Todesstrafe stand, wusste er. Und trotzdem wurden die deutschsprachigen Sendungen der BBC London um so wichtiger für ihn, je aussichtsloser seine persönliche Lage wurde. Das Klopfen, dem Anfangstakt von Beethovens fünfter Symphonie entliehen, kündigte die wichtigste Stunde des Tages an. Nach seiner erzwungenen Heimkehr aus Italien waren diese Abendstunden zu den wenigen Momenten des Trostes geworden.

Nachdem er erfahren hatte, dass die Nazis vor allem in der Stadt illegale Radioapparate mit Peilsendern, die sie in Lastwagen montiert hatten, aufspürten, wurde das Empfangsgerät heimlich in das Haus im Mittelgebirge gebracht und dort, gut versteckt, neu zusammengebaut.

Da die Stunden, die er mit seinem Sohn verbringen konnte, knapp waren, ließ Kosinskys Vorsicht nach. So wichtig das Kind für ihn war, er wollte keine der BBC London-Sendungen versäumen. Diese Informationen gaben ihm die notwendige Kraft, seinen Alltag weiter zu ertragen. So war mit der Zeit die Stimme des Sprechers zu der eines unbekannten Freundes geworden.

Die ersten Bombardierungen deutscher Städte durch englische Flugzeugverbände ließen die Hoffnung keimen, dass das Reich doch nicht unverwundbar wäre, die Landung von Rudolf Hess im feindlichen England war ein ersehntes Zeichen von Zerwürfnissen in der deutschen Führung.

Und so wurde der Sohn sein abendlicher Begleiter, wenn er sich in den staubigen Kartoffelkeller zurückzog und seine Frau den Posten der Aufpasserin am Stubenfenster bezog.

Es gab nur eine Möglichkeit, mit einem Überwachungswagen in die Nähe des Holzhauses zu kommen, und dieser Weg war vor allem nach Einbruch der Dunkelheit vom Stubenfenster aus gut einsehbar. Beim geringsten Geräusch eines sich nähernden Fahrzeuges wurde der Radioapparat sofort abgestellt und verschwand samt Antennen unter alten Kartoffelsäcken. Der Sohn hatte versprechen müssen, in einem solchen Fall ohne jede Widerrede sofort in seinem Bett zu verschwinden, was er auch jedes Mal verschüchtert tat.

Alles schien gut zu funktionieren. Zur Sicherheit verbrachte Kosinsky den Großteil seiner Tage im Wald und auf versteckten Wegen, manchmal auch im Haus eines der wenigen Freunde, die geblieben waren. Und sooft es ruhig war, besuchte er abends Frau und Kind, vermied aber die Nähe zur Stadt, so gut es möglich war.

Ob es nun der Anfangstakt der Schicksalssymphonie war oder die Nähe zum Vater, die er mit dem Radio im Keller verband, eines Tages zog es Kosinskys Sohn in den verschmutzten Keller. Dort begann er Vaters Handgriffe so lange zu wiederholen, bis es ihm gelungen war, den verbotenen Sender einzustellen.

Ohne sich der Folgen seiner Tat bewusst zu sein, hörte er den vertrauten Stimmen im auf- und abschwellenden Rauschen der Übertragung zu. Über eine Stunde verging, ehe die Mutter das Fehlen ihres Sohnes bemerkte.

Als sie ihn gefunden und den angerichteten Schaden, so gut sie es konnte, beseitigt hatte, war es schon zu spät.

Noch am selben Abend kamen zwei Männer der GESTAPO. Der Klang ihrer Absätze auf den Betonplatten des Gartenweges schien das Klopfen der BBC nachzuahmen – so empfand es zumindest Kosinskys Sohn, der im Bett nur erahnte, was er angestellt hatte.

Zwar fanden die von den Nazis mit anderen Uniformen eingekleideten Tiroler Gendarmen weder Kosinsky noch seinen Radioapparat. Sie wagten auch nicht, den Buben und seine arische Mutter mitzunehmen. Aber von dem Tag an lauerten sie Kosinsky beständig auf, vor der Wohnung in der Stadt und vor dem Gartentor am Land, zu jeder Tages- und Nachtzeit, bei Freunden von ihm, die sie kannten, und auf den Feldwegen rund um das Haus im Mittelgebirge, so lange, bis ihn eine Einheit der SS eines Abends aufgriff.

Einer der Beamten kannte ihn von früher und setzte durch, dass er noch das Notwendigste zusammenpacken durfte. Alfred Kosinsky verschwand im Holzhäuschen, während die SS draußen auf ihn wartete.

Während er seinem weinenden Sohn unter Tränen zu erklären versuchte, warum er ihn jetzt verlassen müsse, überkam einen der Männer die Angst, Kosinsky könnte sich durch einen heimlichen Ausgang wieder aus dem Staub machen. Mit einem kräftigen Tritt gegen die Türe brach er das Schloss auf und fand Vater und Sohn eng umarmt.

Kosinsky bat seinen Sohn eindringlich, zu niemandem über das Erlebte oder das Gehörte zu sprechen. Dass er ihm nicht böse wäre, weil er ja von allem nichts wüsste, sagte er dem Sohn noch.

Und trotz der Tränen ermahnte er ihn mit solcher Nachhaltigkeit, dass auch der Mann noch, zu dem der Knabe später geworden war, das dem Vater einmal versprochene Schweigen ein Leben lang hielt. Auch, weil das schlechte Gewissen, ihn in solche Gefahr gebracht zu haben, Kosinskys Sohn von da an Tag für Tag begleitete. Zuerst ganz leise, dann aber immer drängender und lauter werdend.

## 1970

Es war ein sonniger, warmer Septembernachmittag, einer der schönsten Tage, die der Monat zu geben vermochte, vor allem in New York, mit in allen Farben leuchtenden Blättern, die auf ihrem letzten Weg den Blick verzauberten und Schmutz wie Lärm der Stadt gleichermaßen überdeckten, sie gelb und rot verfärbten.

Ein früher Herbsttag, dessen Bedeutung weit über das Ende eines Sommers hinausgehen sollte.

Die Fahrt von New Rochelle nach Manhattan war nur der Beginn einer langen Reise. Niemand im Wagen bemerkte Julius' Tränen, wohl weil jeder für sich Abschied nehmen musste, von einer Freundschaft, von der Schönheit dieses „Indian Summer", von den Wolkenkratzern, von einer Kindheit, von einem Stück Leben, das für jeden in gewisser Weise unvergesslich bleiben sollte.

Und während der Chevrolet von der Brooklyn Bridge in die Häuserschluchten der City hinabglitt, von den gleichmäßigen Stößen der Trennfugen in ein beruhigendes Schaukeln versetzt, wollte Julius nicht verstehen, warum sich seine Mutter so sehr nach den Bergen Tirols zurücksehnte. Er hatte sie in den zwei New Yorker Jahren vergessen, die Berge und auch die Menschen.

Und wäre nicht die Verlockung der Schiffsreise, wäre nicht die Unabänderlichkeit von Vaters Beschlüssen gewesen, er hätte sich mit aller Kraft eines Elfjährigen zur Wehr gesetzt, gegen diese Vertreibung aus einem Paradies.

Noch einmal quer durch Manhattan, am Empire State Building vorbei, ein letzter Blick auf die Menschen aller Hautfarben, ein Abschied von all den riesigen Automobilen, deren Namen wie Thunderbird oder Impala ihn ein Leben lang an diese zwei letzten Jahre einer annähernd unversehrten Kindheit erinnern würden.

Und so sehr auch die Verzweiflung Oberhand zu gewinnen drohte, sammelten Augen und Ohren doch jeden Eindruck begierig auf, wie wenn sie einen Vorrat anlegen wollten von Bildern und Geräuschen dieser Stadt, von dem sie später dann zehren könnten. Jeder Stopp des Wagens vor einer roten Ampel verstärkte den Druck in der Magengrube, jedes Anfahren war eine schmerzliche Ermahnung, dass der endgültige Abschied unaufhaltsam näher rückte. So fuhren sie, jeder seinen Gedanken nachhängend, dem Hafen im Süden der Halbinsel entgegen. Selbst die Gespräche zwischen Betty, die den Wagen lenkte, und den Eltern beschränkten sich auf das Notwendigste.

Dann, am Pier, beim ersten Anblick des gewaltigen, von der Nachmittagssonne beschienenen Schiffsrumpfes der „Christophoro Colombo", die sich vor ihren Augen auftürmte, war die Trauer vergessen. Vergessen auch der Abschied von den amerikanischen Mitschülern, vergessen aller Schmerz beim Verlassen der Wohnung, vergessen der erste Kuss, die Verzweiflung über das Zurücklassen des ersten Fahrrades, alles wie weggewischt vom silbernen Rumpf des Schiffes, der sich da im Herbstlicht aus den Wellen erhob, mächtig und stark und doch ein Trost im Meer der Unsicherheit und Einsamkeit.

Das Schiff entpuppte sich als eine eigene Welt, von unendlichen Ausmaßen und voll mit Entdeckenswertem, zumindest für die Kinder. So half es schnell, die Wehmut der letzten Stunden und Tage vergessen zu machen. Die vierzehn Tage am Meer, die vor ihnen lagen, schienen wie eine Ewigkeit zu werden, und das verhasste Nachhausekommen rückte in weite Ferne.

Später an diesem Tag, nachdem alle Besucher das Schiff verlassen hatten, nahm der Vater Julius mit auf das oberste Deck, von wo aus sie das Auslaufen beobachten wollten. Tief unten wurden die Brücken zurückgezogen, eine nach der anderen, und die schweren eisernen Türen in der Wand des Rumpfes geschlossen. Die Menschen unten am Pier waren winzig klein, und es war nicht möglich, Bettys, Tante Odettes oder sonst irgendein bestimmtes Gesicht in der bunten, mit Taschentüchern winkenden Menge ausfindig zu machen.

Als die letzten Taue gelöst und auf das Schiff heraufgezogen wurden, senkte sich die Herbstsonne im Westen und spiegelte sich, glitzernd in Tausenden von Fensterscheiben, als wenn all die Wolkenkratzer nur dastünden, um Abend für Abend die Reisenden mit diesem Schauspiel zu verzücken und ihnen den Abschied noch einmal schwer zu machen.

So stand Julius schweigend neben seinem Vater, und sie nahmen Abschied, nicht nur von New York, wie sich für beide erst viel später schmerzlich herausstellen sollte.

Während ihnen der kühle Abendwind unter die Jacken fuhr, schweiften ihre Blicke über das gespiegelte Sonnenmeer an den Häuserfronten hinaus auf die offene See, die sie bald ansteuern würden, gemeinsam auf diesem Schiff und doch jeder für sich allein. Gedankenverloren standen sie an der Reling, zwei Gestalten unter Hunderten, Vater und Sohn.

Als das Schiffshorn am Schlot seinen durchdringenden Abschiedsruf in den beginnenden Abend hinausschmetterte, zuckte die kleinere der beiden Gestalten zusammen und die größere legte ihren Arm liebevoll um sie, beschützend und beruhigend. Das allerletzte Mal, dass Julius seinen Vater liebend empfand, das letzte Mal, dass er sich von ihm beschützt fühlte, beim Abschied von New York, vor der langen Reise über das Meer.

Danach, so schien es, hatte er die Ahnung vom Vatersein verloren, veränderte ein unsichtbarer Riss die Beziehung zu seinem Sohn.

Es war, so sollte Julius erst viel später klar werden, in seinem Leben die Zeit, zu der sein Vater das Vorbild, den Schutz und die Ahnung verloren hatte.

# 1943

Lange Zeit quälten Alfred Kosinsky Zweifel. Der Plan seines Freundes Murgruber erschien ihm bizarr und auch nicht ungefährlich. Seit Wochen drängte Murgruber darauf, ihn auf der psychiatrischen Klinik als Patienten aufzunehmen und ihn so, zumindest vorübergehend, dem Zugriff der GESTAPO zu entziehen und ihm Ruhe und Erholung zu verschaffen.

Murgrubers „Zuverlässigkeit", wie die politische Gesinnung in NS-Kreisen genannt wurde, war in den Augen der Nazis nicht einwandfrei, doch nur seine engsten Freunde wussten, wie sehr der angesehene Arzt die neuen Machthaber verachtete. Als Vorstand der psychiatrischen Klinik besaß er seit dem Bestehen des Dritten Reichs eine besonders schwierige Position. Aber Murgruber hatte beschlossen, seinen Beruf, der ihn zur Zusammenarbeit mit den NS-Behörden zwang, gegen seinen inneren Widerstand weiter auszuüben und zu versuchen, so viele Innsbrucker Leben zu retten, wie es sich mit dem eigenen Überleben vereinbaren ließen.

Der Preis, den er für dieses Verhalten zahlen musste, drohte ihn immer wieder zu zerbrechen. Denn nicht immer gelang es dem Arzt, seine schützende Hand über sogenanntes „nicht lebenswertes" Leben zu halten. Nicht nur die GESTAPO verfolgte sein Wirken mit Argwohn, auch eigene Oberärzte setzten sich dem Bestreben ihres

Chefs entgegen. Dann verfolgten ihn tage- und nächtelang die Schreie der abtransportierten Patienten, durch das hallende Echo der hohen Anstaltsgänge ins Unerträgliche verstärkt.

Kosinsky war von den stetigen Verhaftungen und Enthaftungen, den Verhören und den Tagen der Flucht und des Versteckens der vergangenen Jahre zu erschöpft, um dem verlockenden Angebot seines Freundes widerstehen zu können.
Seit der Zeit des eigenen Studiums war er mit Murgruber bekannt. Die beiden Männer gehörten schon eine Ewigkeit der gleichen Tarockrunde an. Jeden Freitag Abend lenkte Alfred Kosinsky seinen Wagen aus der Stadt hinaus zum Haus des Arztes, wo er Brötchen, Wein und die Gespräche mit seinen Freunden gleichermaßen genoss. Der Anwalt war für seine scharfe Zunge bekannt und öfter als einmal musste Murgruber auf das unterbrochene Spiel verweisen, wenn Kosinskys Einwürfe die eine oder andere Begebenheit der letzten Woche mit Humor und dem ihm eigenen Witz aufgriffen.
Dann wurde wieder gemischt, neu gegeben und bis in die tiefe Nacht hinein gespielt, gelacht und die Welt draußen vergessen.

Die Einsicht, dass er dem Sohn nicht ausreichend Vorbild sein konnte, zermürbte ihn.
Und auch wenn seine Frau allen Versuchen der Behörden, sie zu einer Scheidung zu überreden, bisher Widerstand entgegengesetzt hatte, so fühlte Kosinsky sich doch gleich einem immer wieder erhitzten und abgekühlten Stück Metall, das spröde geworden war und bald zu bre-

chen drohte. Seine Ehe musste er im Geheimen führen, seine Familie verdiente diesen Namen nicht mehr. Wie ein Aussätziger schlich Kosinsky schon zu lange heimlich durch die Dunkelheit der Zeit.

So wurde im Laufe des Jahres der Name eines gewissen Doktor Alfred Kosinsky in der Patientenliste der psychiatrischen Klinik in Innsbruck eingetragen. Und der ehemalige Anwalt fügte sich nicht schlecht in seine Rolle, obwohl er sehr darunter litt, dass er keine Besuche von seinem Sohn oder seiner Frau empfangen durfte.

Bald hatte er erlernt, wann und wem gegenüber er krank sein, vor wessen Augen er die Pillen einnehmen musste und wann er sie wieder ausspucken durfte. Murgruber hatte manchmal beinahe den Eindruck, dass Kosinsky Freude an seinen schauspielerischen Fähigkeiten entwickelte und fühlte sich an die längst vergangenen Tarockabende erinnert. Der neue Patient genoss es offensichtlich, stundenlang in den Gängen der Station mit versteinerter Miene und zu Boden gesenktem Haupt, die Hände am Rücken übers Kreuz gelegt, auf und ab zu gehen. Hier fand er endlich die lang ersehnte Ruhe und ein wenig Erholung von den Strapazen der letzten Monate. Für die Behörden des Dritten Reichs aber war er zunächst wie vom Erdboden verschwunden.

Alfred Kosinsky staunte nicht wenig, als ihm eines Tages ein Gesicht im Hauptgang der Anstalt auffiel, das ihn an einen alten Bekannten erinnerte. Nachdem er alle Zweifel und die erste Überraschung beiseite geschoben hatte, wagte er es, vorsichtig und mit der Erlaubnis Murgrubers, Kontakt mit Holzmann aufzunehmen.

Fest hatte er geglaubt, dass der Baumeister das Land rechtzeitig verlassen hätte. Oft hatten die beiden Männer vor und auch noch nach dem Anschluss Mittel und Wege besprochen, abgewogen und in Verträgen festgeschrieben, die es Holzmann ermöglichen sollten, ohne große finanzielle Einbußen der nunmehrigen Ostmark den Rücken kehren zu können. Kosinsky hatte ihn zu diesem Schritt gedrängt, da er der jüdischen Gemeinde Tirols erkennbar nahegestanden war. Immer wieder hatte der Anwalt betont, dass es unter den gegenwärtigen politischen Umständen der wohl einzige Vorteil österreichischer Juden wäre, aus den Ereignissen in Deutschland rechtzeitig die richtigen Schlussfolgerungen zu ziehen.

Doch offensichtlich war Holzmann allen Ratschlägen zum Trotz im Land geblieben. Nach einigen verstohlenen Gesprächen in versteckten Winkeln der Anstalt erfuhr Kosinsky, dass auch er ein Bekannter Murgrubers war und im letzten Augenblick hier Asyl gefunden hatte. Aber wohl nicht für alle Ewigkeit, wie Holzmann niedergeschlagen hinzufügte.

„Du bist doch auch Jude", flüsterte Holzmann eines Tages seinem Leidensgenossen zu, ohne dass er zu Kosinsky hinüberblickte. Unvermittelt und abrupt blieb er stehen.

Es entstand eine Pause, eine Unterbrechung des Gesprächs, nach deren Beendigung sich die Beziehung der beiden Männer zueinander für immer geklärt haben würde.

„Nein, das bin ich nicht", antwortete Kosinsky, und seine heiser klingende Stimme unterdrückte mit Mühe eine Wut, die nur zum Teil Holzmann galt. Seine Hände begannen zu zittern, auch wenn er versuchte, sie am Rücken unbemerkt verschränkt zu halten.

„Nein, das bin ich erst seit den Nürnberger Gesetzen", wiederholte er nach einer Weile des angespannten Schweigens. Das Zischen in seiner Stimme hatte sich schon fast wieder verloren. „Ich weiß nicht, warum ihr in mir immer einen von euch gesehen habt. Ich bin getauft, und wenn du es genau wissen willst, lege ich auch darauf keinen besonderen Wert!"

Die letzten Worte sprach er in einem Tonfall, der Holzmann keinen Zweifel mehr ließ, dass dieses Thema für Kosinsky endgültig abgehandelt wäre.

An jenem Tag sprachen die beiden gebeugten Gestalten, die im Flur der psychiatrischen Klinik weiter gemeinsam auf und abgingen, kein Wort mehr miteinander.

Wohl trafen sich Holzmann und Kosinsky weiterhin unter Murgrubers Schutz in dessen Klinik, aber die Abstände ihrer Begegnungen wurden, zugleich mit ihrer Entfremdung voneinander, immer länger.

Sie waren sich auch zuletzt noch darin einig, dass sie dem Volk so bedeutender Künstler und Wissenschaftler, wie Deutschland sie hervorgebracht hatte, niemals diese Barbarei zugetraut hätten. Aber was ihre Beziehung zueinander betraf, konnten sie keine Einigkeit mehr erzielen.

Gemeinsam war ihnen nur mehr die Hoffnung, der „braune Spuk", wie sie die Ereignisse um sich herum nannten, würde bald ein Ende haben. Rechtzeitig, vor er ihnen ein Ende bereiten würde. Und von den schützenden Bergen um Tirol herum sprachen sie öfter, die zwei

Kranken wider Willen, und von der Hoffnung, dass deren Gipfel die Wogen des Hasses und der Grausamkeit doch noch brechen würden.

Aber das Ende sollte anders kommen.

## 1972

Mit etwas mehr Voraussicht, Vorsicht oder Rücksicht auf die Eigenheiten der häuslichen Rechtsprechung wäre das Unglück durchaus vermeidbar gewesen.

So aber bedeutete es den Bruch mit dem Vater, vielmehr mit dem Teil des Vaters, den Julius als Kind, hätte er es zugelassen, mit Wärme und Geborgenheit, Liebe und Zuneigung in Verbindung gebracht hätte. Oft sehnsuchtsvoll, oft, weil Kinder offensichtlich nicht anders können.

Die Strafe, die er nicht nur sich selbst und seinem Sohn, sondern auch der als Zeugin anwesenden Mutter beifügte, war ungleich härter als alle anderen Bußen, die das Leben später je auferlegt hat. Während die Mutter jedes Fehlverhalten der Kindern, das eine gewisse Grenze des Alltäglichen nicht überschritt, an Ort und Stelle, ohne späteren Einspruch durch den Vater, regelte, mussten sie bei schweren Vergehen auf den Vater und dessen Gericht warten. Dieses Warten bedeutete das höchste Strafausmaß, das die Mutter selbst auszusprechen im Stande war, und bewirkte, dass die Kinder den Rest des Tages engelsgleich unsichtbar und mehr oder weniger lautlos blieben, um die Anklägerin doch noch gütig zu stimmen.

An jenem Tag, in dessen Nachtstunden Julius die ersten Beziehungen seines Lebens neu ordnen musste, war er von vornherein ausgeschlossen, dieser gnädige Rechtsweg der Mutter.

Die vielen Lügen, die das komplexe Gebäude all seiner ihm später zur Last gelegten Vergehen aufrecht erhalten hatten, waren durch ein einziges, versehentliches Telefonat eines Mitschülers mit der Mutter in sich zusammengebrochen. Ein Lebensabschnitt stürzte wie ein Kartenhaus zusammen. Das Spiegelbild einer ersehnten Wirklichkeit verblasste in einer einzigen, grauenvollen Nacht.

In nur wenigen Stunden hatte Julius' Mutter das meiste herausgefunden. Je mehr sich angeblich geschenkte Spielzeugautos und geborgte Lineale als gestohlen oder von gestohlenem Geld bezahlt herausstellten, um so trauriger wurde ihr Gesicht.

Bereitwillig hätte Julius seine Beichte bei ihr abgelegt. Die Veränderungen in ihrem Gesicht hätten genügt, den Willen, sie nie mehr derartig zu verletzen, über jede noch keimende Unrechtmäßigkeit siegen zu lassen.

Aber sie wussten wohl beide, dass sich ein solches Geheimnis nicht verbergen lassen würde. So gern er sich auch hinter der Mutter versteckt hätte, so unabänderlich war ihr Entschluss, den Verbrecher, wie Julius in jener Nacht noch oft genannt werden sollte, der väterlichen Gerechtigkeit zuzuführen.

Die Stimmung an diesem Abend war gespenstisch und gespannt. Beim geringsten Geräusch im Stiegenhaus zuckte er angsterfüllt zusammen. Jedes Mal, wenn sich der Lift in Bewegung setzte, stockte der Atem. Erst das abrupte Ende des monotonen Geräusches des Elektromotors, das die Kabine irgendwo, mindestens ein Stockwerk unter dem ihrigen, zum Stillstand brachte, erlaubte ihm ein kurzes Aufatmen. An ein Abendessen war nicht zu denken.

Die Züge in Mutters Gesicht veränderten sich weiter, unabänderlich, und waren auch durch Julius' eigene Hilflosigkeit nicht zu beeinflussen.

Fast war er der tragische Held des Abends. Bemitleidet für das, was noch über ihn kommen würde. Eine Art stiller Verehrung durch die Geschwister, die verzweifelte Trauer der Mutter, so ging dieser Tag in die Nacht über.

Um die Zeit, zu der die Kinder ins Bett sollten, überkam ein angsterfülltes Zittern Julius' Körper, drang von außen nach innen und hinterließ eine Kälte, die in ständiger Wandlung ein im Abstand folgender Lebensbegleiter werden sollte. Die Erlaubnis das schützende Bett aufzusuchen, der letzte Blick durch das Wohnzimmerfenster hinunter auf den Parkplatz, noch immer keine Spur von Vaters Wagen, der bittere Kuss der Mutter, Tränen, die Wärme, die von der Anwesenheit des Bruders im Zimmer ausging, so endete durch diese Schuld die Unversehrtheit einer Kindheit.

Irgendwann, mitten in der Nacht, rüttelte der Vater Julius wach und forderte ihn zum Mitkommen auf.

Das Schlafzimmer der Eltern verwandelte sich in den ersten und einzigen Gerichtssaal, in dem Julius Angeklagter war, der Pyjama des Vaters wurde zur Richterrobe, der einzige Verteidiger weit und breit lag neben dem Richter im Bett und weinte die meiste Zeit. Keine Geschworenen, keine Schöffen, keine Zuschauer und keine Zeugen. Keine Zeugen für, keine gegen den Angeklagten, keine Zeugen dieser nächtlichen Stunde überhaupt.

Am Fußende des Bettes stehend, den Blick auf das Muster des Holzes gerichtet, gab er angsterfüllt Antworten. Den Vater anzusehen wagte Julius nicht, denn dessen ohnmächtiger Zorn erfüllte den Raum bis in jeden Winkel.

Das Verhör wurde penibel geführt, leuchtete noch das kleinste Detail seiner Schandtaten und dessen, was er sich dabei gedacht hätte, aus, demütigend, vernichtend, keine Pause gönnend, bis alle Vergehen offengelegt, die Spielzeugautos aus allen Winkeln der Wohnung geholt und dem Richter übergeben worden waren.

Julius hat sie nie wieder gesehen, die geliebten und gepflegten Modelle von Schönheit und Freiheit. Erst viel später, nachdem der Vater und diese Nacht überwunden, aus dem Jugendlichen ein Mann geworden war, traten einige von ihnen wieder in sein Leben, im Maßstab eins zu eins, immer gepflegt und ein wenig auch geliebt. Erinnerungen an die herrlichen Wagen in Amerika, vielleicht auch eine Ahnung an den unbekannten Großvater, von dem der Vater öfter erzählt hatte, wie stolz er auf seine Automobile gewesen wäre. Skulpturen aus Stahl und Chrom, die ein Entkommen jederzeit ermöglichten.

Wieder und wieder war die Rede vom Ausschluss aus der Familie, eine angsterregende Aussicht, die gleichzeitig aber auch Hoffnung war auf ein baldiges Ende des Verhörs.

Letztlich aber blieb seine Lage so oder so hoffnungslos, denn Julius wusste zu gut, was kommen musste.

Es wurde neuer Anfang genannt.

Was mit ihm, der in jener Nacht seinen Sohn verlor, geschehen, was in ihn gefahren war, was die Ursache war, dass ihn die väterliche Liebe verließ, woher die Hilflosigkeit kam, die im Takt auf den Sohn herunterprasselte, unbeherrscht und unkontrolliert, jeden Schutz, jede Geborgenheit zerstörend, die er ihm je aufgebaut hatte, blieb im Dunkeln dieser Nacht verborgen.

Der empfundene Hass aus jener Zeit richtete sich von da an nur noch gegen das Selbst, er kann nicht dorthin zurückgegeben werden, woher er gekommen ist, nur weiter und weiter, von Generation zu Generation.
    Manchmal aber, vielleicht kann es gelingen, in Respekt Unverständnis und Unvermögen begreifbar zu machen und abzubauen.

1944

Alfred Kosinsky war wieder nach Innsbruck zurückgekehrt.
 Hierher war er mit seinem Vater aus Prag gekommen. Hierher hatte ihn die GESTAPO aus Italien zurückgebracht. Und hierher kehrte er nach seiner geglückten Flucht aus dem Lager zurück.

Zusammen mit Holzmann wurde er eines Nachts in der psychiatrischen Klinik verhaftet. Murgruber war trotz aller Hilferufe nicht mehr rechtzeitig erreichbar, und entgegen Kosinskys Hoffnungen gab es keinen Unterschied in der Grausamkeit der Vollstrecker außerhalb und innerhalb der Berge, nachdem der GESTAPO Murgrubers Gebrauch der Station einmal aufgefallen war.

Doch auch nach der Flucht wusste er sich kein anderes Ziel, keine bessere Zuflucht auf der Welt zu finden. Es schien ihm, als müsste er immer nach Innsbruck zurückkehren, als gäbe es sonst keine Sicherheit auf der Welt. Als gäbe es sonst keinen Ausweg.
 Aber Kosinsky war nirgendwo mehr sicher. Nirgends konnte er sich noch zu Hause fühlen. Sie würden ihn von jetzt an überall suchen und verfolgen, ihn jagen und ihm auflauern. Gnadenlos und verbissen.
 Aber er glaubte, sich in der Umgebung der Stadt besser verbergen zu können. Er war zwar aus der Deut-

schen Volksgemeinschaft ausgeschlossen worden, aber niemand konnte ihn von den Bergen trennen. Und die umliegenden Berge kannte Kosinsky besser als die, die ihn suchten. Mit diesen Bergen war er aufgewachsen, zwischen ihnen wollte er sich nun verbergen. Er plante sein Überleben.

Es war der letzte Versuch, den er hatte.

Eine weitere Verhaftung würde er nicht mehr überleben, das wusste er. Es würde keine Verschickung in ein Lager mehr geben. An Ort und Stelle würde er hingerichtet werden. Es sollte keinen Juden mehr in Tirol geben.

Kosinsky musste, wenn er überleben wollte, bis zum Ende des Krieges unsichtbar bleiben. Keine Spur durfte zu ihm führen. Niemand durfte ihn erkennen. Keine Freundschaft von früher würde ihm von jetzt an noch nützen können. Sein Überleben war gegen das Gesetz. Unsichtbar und lautlos würde er das Ende erwarten müssen.

Von jetzt an musste jeder seiner Schritte durchdacht sein. Er durfte keine Gefahr außer Acht lassen.

Kosinsky fühlte sich wieder wie vor Gericht. Diesen Prozess musste er aber gewinnen. Es würde keinen Vergleich geben. Die geringste Unachtsamkeit würde sein endgültiges Unterliegen bedeuten. Und eine Niederlage in der Verhandlung wäre gleichbedeutend mit dem Ende seines Lebens.

Nicht, dass er noch an diesem Leben gehangen hätte. Doch der Gedanke an das Leben seines Sohnes ließ ihn seine letzte Energie, seinen letzten Mut aufrechterhalten. Nur Vater seines Sohnes zu sein, schien Kosinsky noch erstrebenswert.

So erwartete er die Nacht. Im Schutz der Dunkelheit würde er sich dann in das Haus im Mittelgebirge hinunterwagen. Er malte sich aus, wie seine Frau bei seinem Anblick erschrecken würde. Wie Erstaunen und Angst ihre Gesichtszüge verändern würden. Wie er sie bitten würde, den Sohn nicht zu wecken. Sie würde seinen ausgemergelten Körper umarmen und erneut erschrecken. Und er stellte sich vor, wie er ihr nichts von dem erzählen würde, was er durchgemacht hatte. Er würde sie bitten, mit dem Bauern über die Benützung seines Heustadels zu sprechen. Und um Nahrungsmittel würde er sie ersuchen, so viel sie und der Sohn entbehren konnten. Und seinen Rucksack würde er befüllen. Mit Kleidung und alten Decken, mit einem Buch und vielleicht auch dem Fernrohr, wenn es noch da war.

Aber er würde seiner Frau nicht nahe kommen.

Zu sehr war Kosinsky mit sich selbst beschäftigt, mit der Aufgabe, seinen Körper am Leben zu halten. Und vor seinem Sohn wollte er sich verstecken, so lange es ging. Er wollte ihm nicht wieder eine Familie geben, um sie dann erneut zu zerstören.

Kosinsky fühlte sich schuldig.

Er hätte seine Mutter nicht allein im Lager zurücklassen dürfen.

Aber sie hatte ihn bekniet, bei der ersten Gelegenheit zu fliehen. Er sollte versuchen, wenigstens seine Familie zu retten, wenn auch alles andere schon verloren war. Um sie sollte er sich keine Sorgen machen. Alt wäre sie schon und könnte ihm anders nicht mehr hilfreich sein. Eine Familie für ihren Enkel, das wäre ihr letzter Wunsch.

Es war dunkel geworden und Kosinsky wurde hungrig. Er hatte dieses Gefühl schon verloren geglaubt. Nur, in der Nähe seiner Angehörigen, meldete es sich wieder.

Und er fühlte sich schuldig am Erkalten der Gefühle seines Sohnes. Er machte sich Vorwürfe, seine Liebe, seine Angst, seine Verzweiflung nicht ertragen zu haben. Hatte er ihn nicht selbst gebeten, seine Tränen zu unterdrücken? Ihn ersucht, nicht zu weinen? Was hätte er jetzt um die Tränen seines Sohnes gegeben.
    Schwach und schuldig fühlte sich Kosinsky, als er sich auf den Weg machte zu seiner Frau und zu seinem Sohn.

Schwach schimmerte die Stadt unten im Tal. Manchmal glaubte er, einen abgedunkelten Scheinwerfer erkennen zu können. Sonst aber war die Nacht ruhig. Nur seine Schritte waren zu hören.
    Es würde sein letzter Besuch im eigenen Haus werden. Sein letzter Besuch, zumindest bis zum Ende dieses Krieges. Er durfte seine Frau und seinen Sohn nicht noch einmal einer solchen Gefahr aussetzen. Nur einmal musste er sich noch zurückmelden. Musste zeigen, dass er zurückgekommen war, und musste die letzten Vorbereitungen zu seinem Überleben treffen.

# 1973

Seit jeher empfand der Vater Abscheu vor Polizisten und Gendarmen, vor Menschen in Uniform. So oft von einem die Rede war oder man ihnen begegnete, sprach er mit verächtlichen Bezeichnungen und abfälligen Bemerkungen über sie und die Sinnlosigkeit ihrer Beschäftigungen. Doch je näher eine solche Amtsperson rückte, desto leiser und sanfter wurden diese Äußerungen, die er durchaus mit Ernst und Verbitterung vorbrachte.

War dann der Wagen, den er lenkte, auf gleicher Höhe mit einem Polizisten, der den Verkehr regelte, oder dem Zöllner, der die Reisepässe prüfte, verstummte der Vater, in Anspannung erstarrend.

Die Kraft seiner Erstarrung übertrug sich nicht nur auf die Kinder, die ihn von der Rückbank aus gespannt beobachteten, sondern auf alle Insassen des Fahrzeugs. An keiner Staatsgrenze, bei keiner Verkehrskontrolle hätte irgend jemand in der Nähe des Vaters unaufgefordert ein Wort gesprochen. Die Reisepässe wurden vorsorglich weit vor den ersten Beschilderungen einer Grenze aus den Ablagefächern und Taschen hervorgeholt und dem Vater, bereits aufgeklappt, beinahe ehrfurchtsvoll überreicht. Ab diesem Moment war ein Zittern seiner Hände bemerkbar. Das Fenster wurde schon lange, bevor es notwendig war, heruntergekurbelt, und hätten seine Wagen je Autoradios besessen, sie wären von selbst in angemessenem Abstand zum Grenzbalken verstummt.

Aber in anderen Dingen war der Vater kein mutloser Mensch.

Alte Haushaltsgeräte, die auf Drängen der Mutter gegen neuere ausgetauscht wurden, übersiedelten regelmäßig im Tausch gegen ein Stück Speck und ein paar Flaschen Wein zu bekannten Bauern in Südtirol.

Das hieß aber: über die italienische Staatsgrenze.

Zu der Zeit, so ging es aus Vaters Verhalten deutlich hervor, hätten diese Güter verzollt, zumindest aber den Zöllnern bekannt gegeben werden müssen, was der Vater aber als schikanös und sinnlos betrachtete. Überhaupt lehnte er sich im Schutz der eigenen vier Wände lautstark gegen alle Gesetze und Verordnungen des Staates auf, die ihm nicht sinnvoll erschienen.

So wurden alte Waschmaschinen, Wäscheschleudern, sogar Geschirrspüler und Boiler derart im Kofferraum verstaut und mit Decken unsichtbar gemacht, dass tatsächlich der Eindruck entstehen konnte, eine vielköpfige Familie ginge lediglich auf Reisen.

Vor allem durch die Kinder auf der Rückbank getarnt, begannen diese Schmuggelfahrten stets in angespannter Stimmung. Immer war die Angst gegenwärtig, ob alles gut gehen würde. Und beinahe wäre auch immer alles gut gegangen, hätte Vaters Mut nicht einmal in Übermut umgeschlagen.

Wieder einmal erleichtert über einen gelungenen Betrug, über das gelungene Vorbei an Zöllner und Gesetz, legte der Vater, ganz gegen seine sonstige ängstliche Besonnenheit, plötzlich seine Selbstbeherrschung ab. Im Rausch des Sieges über zwei Uniformträger ließ er sich hinreißen, eine Kolonne von Fahrzeugen am Pannenstreifen zu überholen, die abschüssige Straße nach dem Grenzübergang ausnützend.

Die Kinder genossen das elegante Vorbeigleiten an all den im Verkehr steckenden Wagen, bis zu dem Moment, als alle die Ursache dafür sahen: Ein italienischer Carabinieri regelte die Einmündung der Kolonne in die Staatsstraße.

So endete die Triumphfahrt des Vaters abrupt.

Die Kinder saßen verunsichert auf ihren Plätzen. Sie ahnten genau, was kommen würde, als das Auto zur Seite gewunken wurde und der Polizist den Vater zum Aussteigen aufforderte.

Mit langsamen Schritten ging der Mann auf den Vater zu. Vom Auto aus beobachteten die Kinder gespannt jede Regung ihres Vaters. Der Carabinieri hatte einen schmalen Oberlippenbart, der sich zu jedem Wort bewegte. Nur die Bewegungen beider Männer waren vom Auto aus zu erkennen. Die feldgraue Uniform mit den weißen Gamaschen, der schwarze Ledergürtel mit Halfter und Pistole, alles an diesem hochgewachsenen Mann, der neben einem weißen Motorrad mit aufgestecktem Blaulicht stand, war Furcht einflößend. Die Gestalt des Vaters wirkte angespannt und verunsichert. Mit eindeutigen Gesten wurde er zum Mitkommen aufgefordert. Ein paar Autolängen weiter stand ein Wagen mit weiteren uniformierten Männern. Dort verblieb der Vater eine scheinbare Ewigkeit. Keiner im Auto wagte ein Wort zu sprechen.

Als der Vater zurückkam, kreidebleich und mit Schweißperlen auf der Stirn, verbreitete er ein Gefühl von Geschlagenheit und Untergang. Er hatte nicht nur das Urlaubsgeld zur Begleichung der Strafe verwenden müssen, sondern zugleich eine tiefe Demütigung erfahren. Unvermittelt und plötzlich war er in die Ängste seiner Kindheit zurückversetzt worden. Den Rest der Fahrt schwiegen Vater und Mutter.

# 1974

Keine Stereoanlage, kein Autoradio, auch nicht die neue Technik von Compact Disks oder DVD erreichte je jene Bedeutung, die Vaters Grundig Radio besaß. Eine Welt von Elfenbeintasten und Messingreglern in einem hölzernen Gehäuse, alle wichtigen Städte der Welt auf gläsernen Skalen verzeichnet. Die von geflochtenem Leinen umspannte ovale Aussparung des Lautsprechers beherbergte rechts oben das magische Auge. Kaleidoskopartig verfließende grüne Vorhänge in einem Messingfenster, deren schärfer werdende Umrisse die genaue Einstellung eines Senders anzeigten.

So stand das Radio auf einem eigens gezimmerten Schrank im Wohnzimmer, der unter einer schrägen Klappe auch den Dual Plattenspieler vor Staub und Kindern schützte und die Schallplatten mit den Symphonien Beethovens und Mozarts beherbergte.

Wenn der Vater am Sonntag zum Mittagstisch vorsichtig eine der Platten herausholte, sie mit den Handflächen behutsam an den Rändern fasste, mit einem weichen Tuch reinigte und dann auf den Plattenspieler legte, wenn dann, musikalisch umrahmt, die Suppe im Sonntagsgeschirr serviert wurde, wagte niemand ein Wort zu sprechen.

An den anderen Wochentagen aber stand ein Transistorradio am Rand von Vaters Teller am Küchentisch. Um Punkt zwölf, zu Beginn der Mittagsnachrichten, wurde es ein, und knapp vor ein Uhr, nach den letzten Kurzmeldungen, ausgeschaltet und zur Seite gestellt. Während dieser Stunde stellte nicht einmal die Mutter eine Frage, nur kurze Bemerkungen über die Mahlzeit wurden im Flüsterton ausgetauscht.

Da während dieser Zeit auch Gespräche über schulische Fehlleistungen Tabu waren, hatten alle, mit Ausnahme der Mutter, ein ernstes Interesse an den Weltnachrichten.

Besonders in politischen Krisenzeiten verbreitete Vaters Gesicht eine düstere, bedrohliche Stimmung, als ob er selbst unmittelbar von irgendwo in der Welt vorrückenden Panzerverbänden oder Budgetdefiziten betroffen gewesen wäre.

Zur Zeit des Sechs-Tage-Kriegs aber war der Vater nur in der Nähe seines Transistorradios anzutreffen. Die ganze Familie spürte, wie sehr ihn der Feldzug der Israelis berührte. Bei der Erwähnung der Namen „Golda Meir" oder „Moshe Dayan" verdichteten sich Vaters Augenbrauen, was für die Kinder mit dem Gebot zu schweigen gleichzusetzen war.

Manchmal hatten sie das Gefühl, Angst aus seinen Gesichtszügen und aus seiner immer heftiger zitternden rechten Hand lesen zu können. Jeder Bericht über militärische Ereignisse ließ ihn in Anspannung erstarren und im Essen innehalten. Er legte Messer und Gabel zur Seite und tiefe Falten verdunkelten seine Miene. Und die sonoren Stimmen der Sprecher verstärkten den Ernst dieser Minuten.

So war von frühester Kindheit an jeder Radioapparat auch Ausgangspunkt unbegreiflicher Gefahren. Die Kinder mieden die Nähe jedes Radiogerätes und niemand hätte es gewagt, eine Taste oder einen Drehregler zu berühren. Später war es eine besondere Auszeichnung, vom Vater gebeten zu werden, die Lautstärke zu ändern oder das Programm zu wechseln.

Diese einmal erteilte Erlaubnis, das Gerät zu berühren, veränderte Julius' Beziehung dazu schlagartig. Bald blieb es nicht mehr bei den gestatteten Handgriffen unter den Augen des Vaters. Immer häufiger blieb Julius unter dem Vorwand, lernen zu müssen, freiwillig den Familienausflügen fern. Für Stunden allein zu Hause, verstärkte die Vielzahl der möglichen Sender die Anziehungskraft des Radios von Mal zu Mal. Peinlich genau versuchte er sich einzuprägen, auf welchen Sender das Radio ursprünglich eingestellt war, um es wieder rechtzeitig vor der Rückkehr des Vaters auf die richtigen Stellungen der Regler und Tasten zurücksetzen zu können.

So eröffneten sich verbotene, heimliche Welten. Mit geschlossenen Augen verfolgte Julius am Sofa liegend Fortsetzungsromane von Wochenende zu Wochenende und vergaß dabei nie, die Einstellungen der Tastatur genau so zu hinterlassen, wie er sie vorgefunden hatte.

Die beiläufige Entdeckung des neuen Senders „Österreich Drei" aber sollte zum Verhängnis werden. Von der dort gehörten Musik völlig überwältigt, verloren sich Zeitgefühl und Vorsicht gleichermaßen.

Eines Tages schaltete der Vater den Apparat ein und wartete wie immer, bis die Röhre aufgewärmt war. Dann, zuerst unmerklich, dann aber immer klarer und lauter, erklang die verpönte Musik. Zuerst glaubte der Vater an einen Irrtum. Seine hochgezogenen Augenbrauen verrieten Erstaunen. Dann aber, nachdem er die Stellung der Schalter untersucht hatte, blickte er Julius streng und fragend an. Offensichtlich kam kein anderes Kind in Frage.

Es begann das übliche Verhör, bei dem der Vater, wie so oft bei solchen Befragungen, den Sohn anfuhr, was er „eitler Pimpf" sich einbildete.

Am Ende des väterlichen Verhörs wurde die andauernde Verbannung vom Sofa ausgesprochen. Das Tagträumen im Liegen mit geschlossenen Augen war für unbestimmte Zeit verboten, ebenso der Sender, der das Lebensgefühl so nachhaltig verändert hatte.

Die Bestimmtheit, mit der der Vater die Bedienung des Radios wieder in seine eigenen Hände zurücknahm, machte Julius betroffen. Der Apparat war wieder unerreichbar geworden. Es sollte noch Jahre dauern, bis eigene Geräte den freien Zugang zu neuen Traumwelten ermöglichen würden.

Das Wort „Pimpf" aber, das der Gymnasiast nur von seinem Vater gehört hatte, ließ ihm keine Ruhe mehr.

Es kostete einigen Mut, dem Vater die unangenehme Frage zu stellen. Und es kostete den Angesprochenen offenbar eine ebenso große Anstrengung, sich aus der anscheinend verzwickten Lage zu befreien. Wie immer aber in tadellosen Sätzen verpackt, glatt und unanfechtbar formuliert, erfuhr Julius, dass es das Schimpfwort war, das sein eigener Vater öfter verwendet hätte. Durch die strenge, aber nicht unfreundliche Art der väterlichen Antwort ermutigt, wagte Julius noch die Zusatzfrage, wann sich solche Anlässe ereignet hätten.

Der Vater machte eine nachdenkliche Pause, entschied sich aber dann doch, seine Frage zu beantworten. Noch bevor er zu sprechen begann, spürte Julius am leisen Zittern seiner Hände, wie sehr ihn die Erinnerung bewegte.

Als Kind wäre er, so erklärte er, immer wieder von älteren Kindern beleidigt und beschimpft worden und hätte dann Schutz bei seinem Vater gesucht. Dieser habe ihm dann zu erklären versucht, dass es sich lediglich um „dumme Pimpfe" und deren Streiche gehandelt hätte und dass er die vorgefallenen Dinge nicht zu ernst nehmen sollte, da er damit ohnehin nichts zu tun hätte.

Erstmals hat an jenem Tag der Vater einige Einblicke in seine Kindheit erlaubt.

## 1945

Kosinsky fühlte sich leer und ausgelaugt, seine Kräfte schwanden. Und doch war er zugleich bis zum Äußersten gespannt wie die Feder einer der Spielzeuglokomotiven. Bis zum Anschlag aufgezogen, knapp vor dem Zerreißen. Aber die Feder durfte nicht reißen.

Seit Monaten versteckte er sich oben im Heustadel des Bauern. Jeden Tag im Morgengrauen verließ er sein heimliches Lager, um noch höher hinaufzusteigen und vielleicht einige Beeren oder sonst irgend etwas Essbares zu finden. Erst im Schutz der Abenddämmerung kehrte er zurück und erwartete sehnsüchtig versteckte Nachrichten von seiner Frau. Die hinterließ sie ihm im Heu, wenn es ihr tagsüber gelungen war, unbemerkt bis zum Stadel zu kommen und ihm einige Stücke Schokolade und die neueste Zeitung dort zu lassen. Ein persönliches Treffen wäre viel zu gefährlich gewesen.

Als kleine Freude empfand Kosinsky die Mitteilung, dass der Sohn jetzt vom Dorfpfarrer endlich auch im Lateinischen unterrichtet wurde. Es war schon viel zu viel Zeit vergangen, seit der Knabe vom Unterricht ausgeschlossen wurde. Die sprachlose Hilflosigkeit seines Sohnes, von der sie ihm schrieb, zermarterte Kosinsky. Wenn sie sich auch nicht sehen konnten, verlangte der Sohn mehr und mehr Einblick in den Alltag des Vaters. Als unerträglich empfand Kosinsky diese Last.

Die unter ständiger Lebensgefahr abgehörten Informationssendungen von BBC London ließen ein baldiges Kriegsende immer wahrscheinlicher werden. Die amerikanischen Bomberverbände warfen ihr Last nun auch schon am helllichten Tag über der Stadt und der Trasse der Brennerbahnlinie ab. Die Gegenwehr der Wehrmacht schien zu erlahmen. Und viele begannen sich langsam wieder zu schämen.

Doch manchmal verirrte sich eine Bombe auf ihrem Weg zu den Gleisanlagen in den Wald des Mittelgebirges. In Kosinskys Wald. Und hinterließ lähmende Angst und Bombentrichter.

Von seinem Versteck im Heustadel aus, hoch am Berghang gelegen, beobachtete Kosinsky die Flugzeuge und ihre todbringenden Abwürfe.

Im Heulen der Sirenen verloren sich dann seine letzten Ängste und seine Hilflosigkeit, wenn er erstarrt in die Richtung des Hauses blickte, in dem die letzten Menschen noch auf ihn warteten.

Ohne Heimat wusste er seinen Sohn, ohne Geborgenheit, ohne Sicherheit und ohne Zuhause. Ohne Vater und ohne Zuverlässigkeit. Ohne ein eigenes Leben.

Der Wunsch, alles wieder gut zu machen, wurde in der davoneilenden Zeit immer bedrückender. Einmal in Ruhe mit ihm Eisenbahn zu spielen, ohne Unterbrechungen, ohne Fliegeralarm, ohne plötzlich verschwinden zu müssen, das ersehnte er von einer Zukunft.

Im Wachsen des Sohnes entglitt Kosinsky die Zeit.

Der Bauer, der ihn regelmäßig mit Lebensmitteln versorgte, war die letzte Verbindung zu seiner Familie, war ein letzter Freund geworden.

Ein einfacher Mensch, den der Wahnsinn der letzten Jahre nicht mit sich fortgerissen hatte. Der neben seiner behinderten Tochter den jüdischen Anwalt gleich mitverbarg. Aus Dankbarkeit für ein paar Schriftstücke, irgendwann einmal.

Alles wurde weniger.

Der vergangene Winter schien Kosinsky der allerletzte mögliche zu sein. Mehr konnte und wollte er nicht mehr ertragen.

Auch in ihm selbst wollte endlich ein Ende werden. Die Kälte und die zunehmende Langsamkeit schienen den endgültigen Abschied vorzubereiten.

Doch Alfred Kosinsky wusste, dass er weiterleben musste.

Englisch wollte er lernen, wenn er das alles überleben sollte. Die Sprache Roosevelts und Churchills. Und in eines der beiden Länder ziehen. Sich der Berge entledigen, die ihn fast begraben hätten.

Und Vater wollte Kosinsky werden, ein richtiger Vater.

Und Zeit, Zeit wollte er haben. Und nicht mehr besessen werden von ihr. Schon gar nicht von dieser Zeit.

Nur langsam stellte sich in diesem Jahr der Frühling ein. In den vor Kälte klirrenden Nächten am Berg schämte sich Kosinsky für alles Glück, das er offensichtlich gehabt haben musste. Und für seine verstohlenen Wünsche.

Ein paar Wochen noch, ein paar Monate, das machte auch keinen Unterschied mehr, dann würde dieser Krieg ein Ende haben. Dann würde diese Zeit versinken und eine andere ihren Anfang nehmen.

Er hatte dann aber alles verloren. Das Land nur einen Krieg.

Und was, wenn er wirklich überleben sollte? Wenn die Auslöschung seiner Existenz doch nicht gelingen sollte? Sein eigenes Ende nicht stattfände?

Wie sollte er zurückfinden? Woher die Kraft nehmen weiterzuleben?

Durchnässt und abgemagert erwartete er, in den letzten Monaten rasch gealtert, den Einmarsch der täglich näher rückenden amerikanischen Truppen. Und so sehr er sich nach einem Ende des Krieges und der damit verbundenen Ruhe sehnte, so sehr fürchtete er auch einen neuen Anfang.

Vor allem seine Frau würde einen solchen erwarten. Sie war ihm all die schweren Jahre hindurch treu und verständnisvoll zur Seite gestanden, ohne ihm je nahe gekommen zu sein. Ohne je seine Einsamkeit berührt zu haben.

Sie würde ihren alten Alfred, wie sie ihn nannte, zurückerwarten. Und sie erkannte nicht, dass dieser alte Alfred in all den durchgestandenen Ängsten, im Lager, auf der Flucht, in den Verhören durch die GESTAPO und den Demütigungen, die er über sich ergehen lassen musste, umgekommen war.

Dass er, wie seine Schwester und die Mutter, ermordet und ausgelöscht worden war.

Als irgendwann im April von Westen her die ersten Jeeps auftauchten, wagte sich Kosinsky wieder ans Licht und verließ sein geheimes Versteck im Heustadel. Der Bauer hatte ihm versichert, dass sich die Ordnung der Nazis völlig aufgelöst hätte, dass sein Leben von nun an wieder sicher sein müsste.

Gebeugt und ausgemergelt, den abgewetzten Rucksack über die Schulter geworfen, machte er sich, noch unsicher, auf den nunmehr angeblich sicheren Heimweg.

Es war Jahre her, dass er zuletzt am Tag einen Feldweg benutzt hatte. Die Straßen mied er auch jetzt noch. Zu unwirklich und fremd war ihm ein Leben ohne ständige Gefahr geworden. Zu grell und unwahrscheinlich die Möglichkeit, weiter zu existieren.

Die Vorstellung, bekannten Menschen begegnen zu können, versetzte ihn in Angst. Sich unter seinesgleichen frei zu bewegen, konnte er sich nicht mehr vorstellen.

Über Umwege durch Zeit und Gegend erreichte er das vertraute Gartentor. Es war die letzten drei Jahre hindurch eine imaginäre Grenze gewesen zwischen einer öffentlichen Welt, in der er selbst ein Verbotener war, und der verbotenen, die ihm offen stand. In der er hoffen durfte.

Hinter diesem verwitterten Holztor warteten seine Vorstellungen von einer ungetrübten Familie.

Drei Jahre hindurch hatte Kosinsky an diesem Tor gebangt, ob dahinter noch alles so geblieben wäre, wie er es verlassen hatte. Ob sie genug damit hatten, ihn selbst zu jagen, oder ob er auch seiner letzten Angehörigen beraubt werden würde. Immer wieder hatte er sich verzweifelt dem Grundstück genähert und sich gefragt, ob seine heimlichen Besuche zu Hause dem Sohn mehr schadeten als nutzten, ob er nicht seine Familie zusätzlichen Gefahren aussetzte. Ob es gut war, den Buben hier am Land mehr schlecht als recht zu verstecken und ihn von allen Freunden abzukapseln.

Aber jedes Mal, wenn ihn die Zweifel zu überwältigen drohten, beruhigte er sich selbst damit, dass es die einzige Möglichkeit gewesen war, Frau und Kind dem Zugriff der Nazis zu entziehen, zumindest teilweise. Außerhalb der Stadt war der Eifer der Denunzianten weitaus geringer, hier folgte das Alltagsleben noch eher den gewohnten Traditionen. Und hier war auch die Versorgung mit Lebensmitteln besser und nur hier konnte sein Sohn zumindest teilweise Unterricht erhalten, wenn auch in bescheidenem Umfang und nur soweit es möglich war, den Pfarrer von einer engen Bindung der Kosinskys zur Kirche zu überzeugen. Um diesen Preis hatte der Dorfpfarrer Kosinskys Sohn heimlich das Lesen und Schreiben beigebracht.

All diese Erinnerungen wurden wieder wach, als er ein letztes Mal vor diesem Tor stand, ungewiss, was ihn dahinter erwarten würde.

Als Kosinsky erkannte, dass alles vorbei war, hatte er kein Ziel mehr. Am Leben zu bleiben war ihm gelungen, das war sein Ziel gewesen.

Die Kapitulation war von Göring unterzeichnet worden und Tirol wurde zunächst von den Amerikanern besetzt. Das Radiogerät wurde wieder in die Stadtwohnung gebracht. Seine Botschaften waren nicht mehr verboten.

Kosinsky musste sich melden. In seinem Vaterland musste er sich zurückmelden. Als einer, der heimlich überlebt hatte.

Bei den Menschen, die seine Existenz vernichten hatten wollen, musste er jetzt um eine neue, eine weitere vorstellig werden.

Als Opfer hatte er sich jetzt zu fühlen. Bitten sollte er um die Rückgabe und den Ersatz all dessen, was ihm genommen worden war.

Schändlich fühlte er sich. Er lebte nicht mehr. Nur überlebt hatte er.

Wieder in der Stadtwohnung, beschloss Kosinsky, als ersten Versuch, einen Alltag wiederherzustellen, sein Fahrrad erneut in Betrieb zu nehmen. Er hatte es 1939 noch rasch im Keller der Kanzlei versteckt. Es war Mitte Mai 1945, und er fand das Rad genauso vor, wie er es vor sechs Jahren dort verborgen hatte.

Beim Festziehen einer Mutter rutschte Kosinsky mit dem Schraubenschlüssel ab und verletzte sich dabei leicht am Zeigefinger der rechten Hand. Seine Frau versorgte die blutende, kleine Wunde mit einem Pflaster und er setzte die begonnene Arbeit fort. Am Abend war das Fahrrad wieder einsatzfähig.

Aber Kosinskys Wunden waren zu tief, als dass sie mit Pflastern hätten geheilt werden können.

Am nächsten Morgen war der Finger angeschwollen und rot verfärbt. Die Wunde war belegt und ein schmaler roter Streifen zog sich durch die Handfläche.

Den Tag verbrachte er zusammen mit seinem Sohn im Wohnzimmer. Sie redeten viel miteinander, der verlorene Vater und der Sohn, der den Vater wiedergewonnen hatte. Vorsichtig versuchte Kosinsky dem herangewachsenen Sohn zu erklären, was geschehen war.

In dem Ausmaß, in dem sich Vater und Sohn langsam wieder näher kamen, verschlimmerten sich die Schmerzen in Kosinskys rechtem Arm von Stunde zu Stunde.

Der rote Streifen war bis zum Abend breiter geworden und reichte schon bis in die Achselhöhle.

Nach einer weiteren Nacht war Kosinskys Zustand unerträglich geworden. Fiebernd und von heftigen Schmerzen geschüttelt musste Alfred Kosinsky am nächsten Vormittag ins Spital gebracht werden.

Der entzündete Finger wurde behandelt, der Vater bekam ein weiß überzogenes Bett in einem der Krankenzimmer und der Sohn die Erlaubnis, bis zum Abend bei ihm zu bleiben. Das Fieber wurde weniger und der Sohn genoss es, den Vater im Krankenbett für sich alleine zu haben.

An den folgenden Tagen wechselte der Zustand Kosinskys häufig, aber das Fieber ließ nicht mehr von ihm ab.

Sein Sohn besuchte ihn täglich nach dem Mittagessen, manchmal in Begleitung der Mutter, meistens aber alleine. Er blieb an des Vaters Seite, bis Kosinsky ihn mit matter Stimme nach Hause schickte.

Mitte Juni, an einem ersten Sommertag im Nachkriegs-Innsbruck, suchte der Sohn wieder seinen Vater im mittlerweile vertrauten Krankenzimmer auf. Er war voller Vorfreude auf die folgenden Stunden, denn in den letzten Tagen hatte sich der Vater ihm gegenüber merklich gewandelt.

Er erzählte, von Fieberschüben zwar immer wieder unterbrochen, mehr und mehr von seiner Zeit im Wald und von seinen Verstecken und vom Bauern, der ihm immer wieder geholfen hatte. Kosinsky bemühte sich, dem Elfjährigen die Hintergründe für seine Abwesenheit zu erklären, versuchte, ihn weder zu verletzen noch zu überfordern. Versuchte ihm verständlich zu machen, warum die Familie weder zu den einen noch zu den anderen gehörte. Warum alle Heimlichkeiten und alles Verstecken jetzt ein Ende gefunden hätten. Und bemühte sich, dem Sohn ein wenig festen Boden unter den Füßen zu geben.

Beide spürten, wie viel Zeit ihnen gestohlen worden war und wie viel sie nachzuholen hatten.

So schritt Kosinskys Sohn in Erwartung des erschöpften väterlichen Lächelns die Treppen hinauf. Er war voller stolzer Verantwortlichkeit, denn er wusste um die Freude, die seine Besuche dem Vater bereiteten. Nur noch eine letzte Türe zwischen ihm und der anderen Welt des Vaters.

Doch als er diese leise hinter sich geschlossen hatte, beschlich ihn die seltsame Ahnung, dass eine Veränderung im Zimmer stattgefunden hatte. Es war das Bett seines Vaters, das die gewohnte Ordnung störte. Kosinskys Sohn sah, dass es leer und in frischem Weiß überzogen war.

Verunsichert blieb er davor stehen und suchte das Zimmer mit den Augen nach seinem Vater ab. Doch alles im Raum war so geblieben, wie er es am Tag zuvor verlassen hatte. Nur der Vater war nicht mehr da.

Verzweifelt und voller Angst hörte er näher kommende Schritte am Flur. Als die Tür geöffnet wurde, kam eine ältere Krankenschwester fast hastig auf ihn zu, als hätte sie ein Versäumnis gutzumachen. Sie legte den Arm um seine Schultern und wollte ihn aus dem Zimmer hinaus auf den Gang begleiten.

Er entwand sich aber ihrem Griff und entfernte sich ein paar Schritte, hinein in den Krankensaal. Von dort fragte er mit unsicherer Stimme, wo denn das Bett des Doktor Kosinsky geblieben wäre. Da ging sie erneut auf ihn zu, strich mit ihrer Hand sanft über sein Haar und antwortete ihm mit resignierter Stimme, dass sein Vater nicht mehr da wäre.

Sie sagte es ohne viel Aufhebens, ihm in die Augen blickend. Der Krieg hatte sie diese Antwort zu geben wieder und wieder üben lassen.

In der Nacht wäre es geschehen, irgendwann und von niemandem bemerkt. Das Gift aus dem entzündeten Arm habe das Herz des Vaters erreicht, und es habe aufgehört zu schlagen.

Leise begann der Knabe, dessen Kopf sie immer noch streichelte, zu weinen. Er senkte den Blick zu Boden. Wie wenn es des Vaters letzter Wunsch gewesen wäre, ihn nicht so sehen zu müssen.

Nachdem sie sich vergewissert hatte, dass der schluchzende Junge noch eine Mutter und ein Zuhause hatte, begleitete sie ihn die Treppen hinunter bis zum Hauptportal.

So hatte Alfred Kosinsky den Krieg zwar überlebt, konnte der Vernichtung aber doch nicht entkommen.

## 1975

Das Gymnasium brachte eine erste Konfrontation mit der Bruchlinie innerhalb der Familie. Der Vater selbst hatte diese Schule, die als die beste in Innsbruck galt, nicht besuchen können, sondern seine Gymnasialzeit in der Schweiz verbracht. Nach seinen Erzählungen beneideten die Kinder ihn darum. Wenn er vom Leben innerhalb der Internatsmauern berichtete, bekamen sie das Gefühl, dass es keine schönere Art zu lernen geben konnte. Aber ihre Wünsche, selbst ein Internat besuchen zu dürfen, wurden strikt abgelehnt. Sie sollten dankbar sein, in einer intakten Familie heranwachsen zu dürfen, hieß es immer wieder.

Schulische Leistungen und Benehmen standen nicht immer im Einklang mit den Erwartungen des Elternhauses oder der Schule. So war dem Druck einiger Professoren stets mangelhafte Leistung oder schlechtes Betragen gegenübergestanden.

Julius' Klasse war der letzte Jahrgang vor der Pensionierung des Lateinlehrers. Diese Aussicht vor Augen musste ihn dazu verleitet haben, weitschweifige Abweichungen vom Lehrplan vorzunehmen und die geballte Wucht seines Wissens noch einmal auszukosten.

    Um den Schülern die Vorzüge des Lateinischen zu verdeutlichen, hatte er beschlossen, Bankreihe für Bankreihe die Namen der Zöglinge auf lateinische Bauteile und Wortstämme aller Art zu untersuchen. Dieses Spiel lieferte ihnen interessante Einsicht in ungeahnte, fast sinnliche Zusammenhänge der sprachlichen Weltenvielfalt, brachte aber auch manche Enttäuschung, wenn sich herausstellte, dass angenehm klingende Namen oft aus sehr ernüchternden Wortteilen zusammengesetzt waren.

So rückte des Professors Sprachgewalt aus Julius' Sicht langsam bedrohlich Reihe für Reihe näher, denn seine Bemerkungen über Vor- und Familiennamen der Mitschüler waren, je nach Ansehen und Beliebtheit der Untersuchungsopfer, auch spitz und höhnisch. Und Julius wusste, dass er nicht gerade hoch in der Gunst des Lehrers stand.

Als er bei ihm angelangt war, war seine Erklärung des Vornamens zwar ernüchternd, aber trotzdem annehmbar. Bei der Erwähnung des Familiennamens veränderten sich aber die Gesichtszüge des Professors. Immer wieder ließ er, mit genießerischer Miene, die Buchstabenfolge auf seiner Zunge zergehen. Die Stimme veränderte sich wie beim Genuss eines Schokoladebonbons. Dann richtete er unvermittelt an alle die Frage, ob jemand mit diesem Namen etwas anfangen könne. Erwartungsgemäß konnte das niemand.

Während seiner Belehrungen hatte der Professor die Angewohnheit, zwischen den Bankreihen auf und ab zu schreiten. Jetzt kam er, auf eine Antwort wartend, wieder näher und näher. Blieb vor der Bank in der hintersten Reihe stehen und blickte streng auf Julius hinab. Im Klassenzimmer war es ruhig. Dass ihr Verhältnis nicht ungetrübt war, war den Mitschülern schon längst bekannt.

Eine Zeit lang schwieg er, dann drehte er sich ruckartig um und sprach im Zurückgehen den Satz: „Solche wie du wären früher nicht hier gesessen!"

Für sich allein genommen wäre dieser Satz nicht wirklich erschütternd gewesen, zu oft waren ähnliche Bemerkungen bereits gefallen. Aber in Bezug auf den Familiennamen war er neu.

Der Rest dieses Schultages war mit wirren Ideen und Vorstellungen über die Bedeutung des Namens ausgefüllt. Auch die Mitschüler benahmen sich anders als sonst. Nicht kälter, nicht verständnisvoll, am ehesten unsicher, so wie es wohl auch die Herkunft des Namens war. Wieder tauchte die „SS" und der unbekannte Großvater auf.

Von jener Unterrichtsstunde an teilte sich die Welt. In die Hälfte, in der das bisherige Dasein stattgefunden hatte, und in jene, die im Satz: „Solche wie du wären früher nicht hier gesessen!" angesprochen wurde. Später wuchsen sich die beiden Hemisphären zu zwei vollwertigen, eigenen Welten aus.

Vorläufig aber versetzte die neue Erkenntnis das Denken in Angst. Oft genug war der Nachhauseweg von einem „Nicht genügend" in der Schultasche belastet. An diesem Tag aber wog das „früher nicht hier gesessen" schwerer als jeder Inhalt der ledernen Tasche am Rücken. Das Nachhausegehen schien nicht enden zu wollen.

Im Haus war das Treppenhaus menschenleer und kalt. Nur die Namensschilder an den Wohnungstüren erinnerten an die Mitbewohner. In Messing oder Stahlblech taten sie kund, ob jemand „früher hier gesessen wäre" oder nicht. Fünf Schilder pro Stockwerk, in sechs Etagen. Aber alle klangen sie durchaus zerleg- und erklärbar. Nur das auf Tür Nummer 30 im sechsten Stock nicht. Zwar war es im Lauf der Jahre und den Titel „Univ.-Prof." bereichert worden, aber es trug doch deutlich den Namen von Julius' Familie.

Auch der Vater konnte weder an diesem Tag noch zu einem anderen Zeitpunkt Erklärungen über ihren Namens geben. Selbst viele Jahre später, wenn er wieder und wieder mit den Nachforschungen seiner Kinder konfrontiert wurde, gab er ausweichende und nichts sagende Antworten. Offensichtlich empfand er den Namen und was er damit verband als Bürde und wollte, so betonte er öfter, „mit all dem nichts mehr zu tun haben".

Aber noch lenkte manche Modelleisenbahn, die der Vater in aberwitzigen Trassen unter Betten und über ausgehängte Türblätter führte, vom erzwungenen Erwachen ab.

In diese Zeit fiel auch der Abschied vom Häuschen im Mittelgebirge.

Die Eltern hatten beschlossen, ein eigenes Haus zu bauen. Sie taten es für die Kinder, wie sie immer wieder beteuerten. Aber es war wohl auch die Wohnung in Innsbruck endgültig zu klein geworden. Die Familie war inzwischen angewachsen und nicht selten wurde mit Besenstielen und Fäusten von benachbarten Wohnungen aus gegen den Boden oder eine Wand geklopft, um zu signalisieren, dass der Geräuschpegel erträgliche Maße überstiegen hätte.

Da ohne Vaters Anteil am Haus im Mittelgebirge an den geplanten Neubau außerhalb der Stadt nicht zu denken war, drängte er zum Verkauf. Dass, mit Ausnahme seiner Person, alle Mitglieder der Familie das Haus gerne behalten oder erweitert hätten, hatte keinen Einfluss auf Vaters Entscheidungen. Das einzige Argument, das er der Mutter und den Kindern gegenüber äußerte, war zu der Zeit nicht nachvollziehbar: Das Grundstück und die Umgebung wären ihm „zu dunkel".

Zwar hatten sie schon oft bemerkt, dass der Vater den Kontakt zu den Nachbarn auf das Notwendigste beschränkte und sich in dieser Umgebung nicht recht wohl zu fühlen schien. Aber Sonne war ihnen dort immer genug gewesen.

Je mehr Julius und seine Geschwister ihn bedrängten, die Idylle zu behalten, um so klarer machte er, dass er sich endgültig vom Haus trennen wollte. Und als dann ein sonniges Baugrundstück ohne Nachbarn gefunden war, setzte er seinen Plan in die Tat um.

Gegen alle Widerstände innerhalb der Familie wurde das Haus mitsamt den warmen Erinnerungen an ihre Kindheit verkauft. Mit Wehmut ließ Julius das einzige Bildnis seines ihm unbekannten Großvaters, das an der getäfelten Wand in der Stube hing, zurück. Es ist genauso verschwunden wie alle Erinnerungen, die der Vater mit dem Haus verbunden haben musste.

Der Vater aber hatte sich offenbar von einer weiteren Bürde befreit.

# 1946

Nachdem Kosinsky beerdigt worden war, wurde seine Frau von verschiedenen Seiten mit Hilfsangeboten bedrängt. Sie verstand nicht, warum man sich jetzt an sie wandte. Während des Kriegs hätte sie Hilfe benötigt, dringend. Nahrungsmittel, und oft hätte auch ein gutes Wort genügt.

Niemand aus der Familie ihres Mannes war ihr verblieben. Niemand, den sie um Rat fragen konnte. Und aus der eigenen Familie wollte sie jetzt auch keine Einmischung dulden. Die einen hatten sich stets gegen ihre Verbindung mit Kosinsky ausgesprochen, die anderen ihren Willen zwar anerkannt, aber trotzdem einen sicheren Abstand zu der unter den Nationalsozialisten so gefährlichen Verbindung gehalten.

Vor allem jüdische Hilfsorganisationen drängten sich auf. Aber so verlockend schnelle materielle Hilfe und Beistand vor den Behörden auch waren, sie konnte und wollte sich jetzt nicht jüdischer fühlen als vor dem Krieg.

Sie hatte ihren Mann und seine Familie verloren. Das konnte ihr niemand zurückgeben, unabhängig von Herkunft und Religion. Auch die Rückgabe der Wohnung hätte nichts an ihrem Schmerz geändert. Ohne ihren Mann dort noch einmal einzuziehen, hätte das Maß dessen, was sie ertragen konnte, überstiegen.

Und auch als der Anwalt, der seine Kanzlei übernommen hatte, eine Entschädigung anbot, lehnte sie ab.

Alfred Kosinsky wollte niemals Nähe zum Judentum zulassen. Sein Vater war aus dieser Umklammerung ausgebrochen, und dabei wollte er es auch belassen. Seinen im letzten Augenblick noch vereitelten Plan, mit der Familie nach Äthiopien auszuwandern, sah er nicht als Eingeständnis der jüdischen Herkunft, sondern als bittere Notwendigkeit.

Die seinem Leben zugewiesene Zeit hatte das Bekenntnis nicht angenommen und die Familie trotzdem verfolgt. Von den einen wurde er als Abtrünniger gesehen, von den anderen nicht als einer der ihren aufgenommen. In der Freiheit des verbliebenen Niemandslandes hatte er allen Umständen zum Trotz Ruhe gefunden. So hatte er auch die Wahl seines Berufes als eine Klarstellung empfunden. Scharfzüngig verteidigte er stets die teuer erkaufte Unabhängigkeit.

Seine Frau hätte es als Verrat empfunden, jetzt, nachdem sie ihn begraben hatte, Anlehnung bei den Opfern oder den Tätern zu suchen.

So ließ sie einzig ihren Sohn in die Liste der Kriegsgeschädigten des internationalen Komitees vom Roten Kreuz aufnehmen. Als ihr mitgeteilt wurde, dass ein Schweizer Pfarrer die Patenschaft für den halbwaisen Sohn übernommen hätte, war sie damit einverstanden.

Sie selbst war weder finanziell in der Lage, für eine ordentliche Ausbildung zu sorgen, noch wusste sie, wie ihr Sohn in dem Land, das seinen Vater verfolgt hatte, groß werden sollte.

Der Schweizer Pfarrer und seine Haushälterin nahmen ihn wie einen Sohn auf. Er wurde in ein Stiftsgymnasium geschickt und erlebte zum ersten Mal geordnete und verlässliche Lebensbedingungen.

In der Welt der katholischen Kirche fand er reichlich Vaterfiguren. Wie ein verlorener Sohn wurde er an- und aufgenommen. Und damit hatte sich vorerst alles zum Guten gewandt.

1976

Mit dem Kauf des Baugrundstücks und dem Abschied aus dem Haus im Mittelgebirge eröffneten sich ungeahnte, neue Perspektiven für die Familie. Das Haus sollte zügig und rasch errichtet werden, darin waren sich alle einig. Schließlich freuten sich auch die Kinder auf eigene Zimmer und ein Ende der Einschränkungen, die die Stadtwohnung mit sich brachte.

Der Vater begann, erste Pläne für das neue Haus zu zeichnen, die Kinder hatten die Aufgabe, diese Zeichnungen in kleine Bauten aus Legosteinen und Karton zu verwandeln. Am Wochenende wurden die Modelle ins Auto verladen und für Stunden zu dem Platz an der Sonne gebracht, wo sie, richtig auf der Wiese aufgestellt, eine erste Ahnung des neuen Zuhauses ermöglichten.

Die Begeisterung, die, vom Vater ausgehend, alle Mitglieder der Familie erfasst hatte, wurde aber mit der Fortdauer der Planungen von Wochenende zu Wochenende geringer. Langsam wurde ihnen bewusst, dass die bevorstehende Arbeit ihre Vorstellungen von der Errichtung eines neuen Hauses bei weitem übersteigen würde.

Und der Vater gönnte ihnen keine Ruhe. Wann immer sie auf ein freies Wochenende hofften, der Vater hatte schon eine Arbeit vorgesehen. Das Grundstück musste umzäunt werden, da es von den eingesessenen Bewohnern der Umgebung gewohnheitsmäßig als Abkürzung verwendet wurde. Als der einfache Bretterzaun endlich fertig war, begannen sie mit der Errichtung einer Bauhütte.

Jeden Samstag wurde das Auto beim Baumarkt mit Brettern und neuem Werkzeug voll beladen und langsam, aber unaufhörlich näherte sich der eigentliche Baubeginn.

Die Zeit zum Lernen wurde durch die Arbeit auf der Baustelle weniger, und selbst wenn die Jugendlichen zum Studium zu Hause gelassen wurden, für konzentriertes Arbeiten waren sie zu erschöpft. Schlechte schulische Leistungen waren die vorhersehbare Folge. Diese zogen aber den Zorn des Vaters nach sich, der Dankbarkeit für die Möglichkeit des Schulbesuches forderte, und so wurden den Jugendlichen auch die letzten freien Stunden gestrichen, vor allem, wenn es der Fortschritt am Bau erforderte.

Auch nach der Fertigstellung des Kellers gab es keine Ruhepause. Jede freie Minute verbrachte der Vater mit den größeren Kindern auf der Baustelle, während sie die Mutter beneideten, die mit den kleineren zu Hause blieb. Die Schalungsbretter mussten getrennt und entnagelt, die Außenwand des Kellers geteert, die Baugrube mit Schotter angefüllt werden. Schon längst hatten die Heranwachsenden jede Freude am neuen Haus verloren. Einzig die Angst vor der Unerbittlichkeit, mit der der Vater seine verbleibende Macht ausübte, ließ sie ihre Energien in die von ihm befohlene Tätigkeit stecken.

Die Jugendlichen trotzten auf Vaters Geheiß Wind und Wetter, auch Kälte und Hitze hielten sie nicht vom Bauen ab. Selbst bei strömendem Regen glaubte der Vater irgendwo am Himmel eine Wetterbesserung erkennen zu können und schleppte sie zum mittlerweile verwünschten Grundstück. Unerbittlich, stets das Ziel vor Augen, trieb der Vater die Familie an, seinen Lebenstraum vom eigenen Heim wahr werden zu lassen.

Lediglich von einem gelernten Maurer und seinem mitgebrachten Gehilfen unterstützt, bewältigten sie im ersten Sommer die Errichtung des Rohbaus. Jeden einzelnen Tag der Sommerferien verbrachten Julius und seine großen Geschwister auf der verhassten Baustelle. Kein Ziegel, der nicht durch ihre Hände gegangen wäre, kein Tag, an dem sie nicht Vaters Hartnäckigkeit verwünscht hätten. Die Extrawurstsemmel mit eingelegten Gurkenscheiben, die ihnen die Mutter jeden Morgen bereitete, wurde zusammen mit dem Zementgeschmack der Hände zum Inbegriff von Zwang und Unfreiwilligkeit.

Besonders hart waren die Wochenenden, an denen die Zwischendecken gegossen wurden. Um sechs Uhr morgens begannen sie, Sand und Zement zu mischen, um bis zum Sonnenuntergang die letzten Winkel der Schalung ausgefüllt zu haben. Wie tot fielen sie an diesen Tagen in die Betten, nur um am folgenden Morgen erneut vom Vater geweckt zu werden, der schon wieder voller Pläne war. Irgendwo fehlte immer ein Stück Beton, eine Zwischenwand oder sonst irgend etwas. Und auch wenn sie glaubten, die vorgesehene Arbeit an einem halben Tag erledigen zu können, dem Vater fiel mit Sicherheit auch für die zweite Tageshälfte eine Beschäftigung ein.

Wer immer in dieser Zeit den Mut aufbrachte, sich den Aufträgen des Vaters zu widersetzen, ein wenig Freizeit zu fordern oder gar die Arbeit auf der Baustelle in Frage zu stellen, bekam die ganze Härte, die dem Vater

innewohnte, zu spüren. Im äußersten Fall drohte der
Vater den „Unzufriedenen" damit, aus der Familie ausgeschlossen zu werden. Der Gedanke, die Wärme des
eigenen Bettes und die regelmäßigen Mahlzeiten zu verlieren, war immer noch unvorstellbar und erfüllte jeden
von ihnen mit panischer Angst.

Auch der Mutter wurde der Druck mit der Zeit zu
groß. Vorsichtig bat sie den Vater um ein wenig Ruhe für
die Kinder. Dann durften sie am Morgen einmal länger
schlafen oder bekamen sonst eine Vergünstigung.

An allen Ecken musste gespart werden, jeder verfügbare
Schilling war für das neue Haus bestimmt. Selbst die
bescheidenen Spareinlagen der Kinder sollten als Sicherstellung herangezogen werden. Keiner hatte so viel Mut,
diesem Anliegen des Vater entgegenzutreten.

Am Ende des ersten Sommermonats händigte ihnen
der Vater jedoch das erste Taschengeld ihres Lebens aus.
Eine an sich bescheidene Summe, damals aber ein
offensichtliches Zeichen von Wertschätzung und seine
Anerkennung ihrer Verdienste. An jenem Abend fühlten
sie sich reich und blickten voll Stolz auf den fast vollendeten Rohbau. Hätten sie aber zu jenem Zeitpunkt
geahnt, was bis zur Fertigstellung des Hauses noch alles
an Arbeit und Entbehrung vor ihnen liegen sollte, ihr
Hochgefühl wäre sofort verflogen.

Mit der Fertigstellung des Daches und dem Beginn des
Innenausbaus gab es keine wetter- oder arbeitsbedingten Pausen mehr. Da zusammen mit dem Schulbeginn
auch der Vater seine Arbeit an der Universität wieder
aufnehmen musste, glaubten sie, zumindest während

der Wochentage Ruhe vom Haus zu haben. Aber sie sollten sich irren.

Pünktlich nach der letzten Unterrichtsstunde stand der gelbe Wagen, wann immer es möglich war, vor dem Schultor, um die Schüler direkt zur Baustelle zu bringen. Und nachdem ihnen der Vater seine Anweisungen gegeben hatte, blieben sie auf der kalten Baustelle zurück und beneideten ihn um das geheizte Institut. Am Abend wurden sie wieder abgeholt und teilten sich den Inhalt des Neunzig-Liter-Boilers in der Badewanne, machten ihre Schulaufgaben mehr schlecht als recht und sanken erschöpft ins Bett.

Doch auch dieses Jahr ging vorbei und das Haus näherte sich langsam seiner Fertigstellung, ohne dass die Mithilfe einer einzigen Baufirma nötig gewesen wäre. Einzelne Handwerker, die beim Verlegen der Rohre und Kabel halfen, schlossen die Kinder in ihre Herzen und unterstützten sie in ihrem inneren Kampf gegen Vaters Unverständnis und Härte.

Es war beinahe ein Wunder, dass sie trotz aller zeitlichen Einschränkungen das Schuljahr erfolgreich beendeten, wenn auch äußerst knapp. Während die Eltern mit den kleinen Geschwistern dann noch einen Auslandsurlaub machten, vollendeten „die Großen" mit einer Mischung aus Stolz und Zorn in sich die letzten Arbeiten. Dann übersiedelte die Familie.

Julius und seine älteren Geschwister hatten dem Vater geholfen, seinen Traum vom eigenen Haus auf einem eigenen Stück Grund und Boden zu verwirklichen. Auch wenn er das so nicht sehen wollte.

Bäume wurden gepflanzt und schmiedeeiserne Gitter an den Fenstern nach Motiven angefertigt, wie sie der Vater aus seiner Zeit im Engelberger Kloster in Erinnerung hatte.

Später, nach den Jahren ihres Erwachsenwerdens, war das Haus dann leer und von Bäumen und Hecken zugewachsen. Ähnlich dem Häuschen im Mittelgebirge, das irgendwann aus einer Unachtsamkeit abbrannte und nur noch in der Erinnerung fortbesteht.

# 1999

Als Vater und Sohn sich das letzte Mal begegneten, trafen sich ihre Blicke nur unvollständig. Sie wurden durch die engen Maschen eines Gitterzaunes behindert. Zeitpunkt und Ort für die längst fällige Trennung hatten sich zufällig ergeben.

Der Vater war während einer seiner ausgedehnten Wanderungen an dem Anwesen vorbeigekommen, in dem Julius Kosinsky mit seiner Familie den Sommerurlaub verbrachte. Julius war nach dem Fall des eisernen Vorhangs von Wien nach Prag übersiedelt. Gleich seinem Großvater hatte er eine Laufbahn als Rechtsanwalt eingeschlagen. Und seit seiner Jugend zog es ihn, einer Ahnung folgend, nach Osten. Die Berge Tirols hatte er als Umklammerung empfunden und setzte sie mit der Strenge und Unnahbarkeit des Vaters gleich. In Prag fühlte er sich am Ende einer Reise angekommen. Aber einmal im Jahr, so hatte er mit seiner Frau beschlossen, sollten seine Kinder die Tiroler Heimat kennen lernen.

Die Ärzte hatten dem Vater die regelmäßigen Spaziergänge empfohlen. Vater und Sohn trafen sich an einem der wenigen Julitage Tirols, an denen die Hitze bis weit auf die Berge hinauf reichte.

Es sollte ein ruhiger Abschied werden. Die Worte wurden auf beiden Seiten des Gitters vorsichtig und mit Bedacht gewählt. Es sollte nicht noch mehr verletzt und zerstört werden.

In den vergangenen Jahren war schon ein Grad an Entfremdung erreicht, an dem die Beziehung keine weiteren Auseinandersetzungen mehr zuließ. Jeder von ihnen versuchte Frieden zu finden. Obwohl sie sich direkt gegenüberstanden, war der eigentliche Gegner unsichtbar und übermächtig geworden.

Der Zaun wäre zur Trennung gar nicht notwendig gewesen, er erinnerte nur an sie.

Das einzig Verletzende an diesem Abschied war die Erkenntnis, dass die Männer die gemeinsame Vergangenheit in keiner gemeinsamen Perspektive mehr betrachten konnten. Zuviel Trennendes hatte sich zwischen dem Vater und Julius aufgebaut. Grundsätzliche Hindernisse, die sich nicht mehr beseitigen ließen.

Ursprünglich sollte der Maschendraht des Zauns nur die zahlenden Gäste des Freibads schützen. Jetzt stand der Vater vor dem Zaun, ohne dass sie es geplant hätten.

Vielleicht hätte er gerne den Eintrittspreis bezahlt, der notwendig war, um Einlass zu erhalten. Vielleicht aber hatte er auch außerhalb seinen Frieden gefunden.

Sie standen sich wie gelähmt gegenüber. Die Hände konnten sie sich nicht reichen. Zu fein war das Drahtgeflecht gesponnen.

So schützte es Julius, oder auch den Vater. Oder jeden vor dem anderen. Vielleicht auch jeden vor sich selbst. Bewahrte vor unüberlegten Handlungen und Worten.

Der Vater sah alt aus und der Zaun irritierte ihn.

Es dauerte eine Weile, bis seine zitternden Hände die Undurchdringlichkeit des Drahtgeflechts begriffen.

Resignierend gab er sich mit Worten zufrieden, die der Zaun ungehindert passieren ließ.

Er war freundlich, konnte aber seine Unsicherheit über die Art ihrer Beziehung nach den Ereignissen der letzten Jahre kaum verbergen.

Zunächst begrüßte er die herbeigeeilten Kinder und Julius' Frau. Dann versuchten die müden Augen, den Blick seines Sohnes zu treffen. Unter den dichten Augenbrauen, die so oft in der Kindheit Unbehagen ausgelöst hatten, suchten sie den Kontakt.

Wenn der Vater früher die Stirn so tief runzelte, dass nur noch die Augen unter den buschigen Brauen hervorblitzten, wussten die Kinder immer, dass seine Drohungen ernst gemeint waren. Die Fähigkeit, ihm in die Augen schauen zu können, war während dieser Zeit verloren gegangen.

So sehr der Anblick seiner Augen früher auch Unsicherheit und Angst ausgelöst hatte, in den letzten Jahren hatte Julius gelernt, seinem Blick standzuhalten und zu begreifen, dass der Vater nur verzweifelter Mittler größerer, unbeschreiblicher Angst gewesen war.

Jetzt bot sich die Möglichkeit, den Blick an den Kreuzungspunkten der Drahtmaschen ins Unendliche gleiten zu lassen. Das verunsicherte den Vater noch mehr.

Schließlich begrüßten sie sich, kühl und unverbindlich. So war ihr Umgang vor allem seit Mutters Tod geworden.

Selbst wenn sie gewusst hätten, dass dies ihre letzte Begegnung werden sollte, wären sie einander nicht anders begegnet. So klar und unverrückbar waren die Standpunkte geworden.

Ihre letzten Gespräche hatten die Restitution und die Entschädigung von Opfer aus der NS-Zeit durch die Republik betroffen. Der Vater hatte die Beschäftigung mit allem, was in diese Richtung ging, vehement von sich gewiesen.

Lange genug hatte Julius versucht, dem Vater näher zu kommen. Immer wieder hatte er sich bemüht, die Worte des Vaters, dass „sie mit all dem nichts zu tun hätten", zu verstehen.

Und einmal, zur Zeit von Mutters schwerer Erkrankung, hatte es den Anschein, als könnte sich der Vater etwas öffnen. Zu dieser Zeit lockerte sich die Strenge, die ihn stets umgeben hatte.

Er empfand es als erneutes Unrecht, dass ihm seine Frau genommen werden sollte. Nicht Schmerz oder Trauer, sondern die Wut über den erlittenen Schicksalsschlag standen im Vordergrund seiner Gefühle. Zumindest derer, die er zeigte. Mutters bevorstehender Tod ließ ihn einmal mehr den Glauben in Frage stellen. Seine Anklagen waren verbittert und verzweifelt, daraus machte er kein Hehl. Aber er suchte zum ersten Mal die Nähe seiner Kinder. Diese hofften, dass er angesichts des nahenden Verlusts ein wenig Einblick in seine eigene Geschichte gewähren würde.

Irgendwann, während eines Waldspaziergangs, machte er eine solche Bemerkung: Dass ihm sein Leben lang alles genommen worden wäre. Und dass ihm sein Vater bedeutet hätte, nicht zu weinen. Und dass er sich ein Leben lang daran gehalten hätte.

Ein einziges Mal im Leben sah Julius den Vater an diesem Tag weinen.

Damals standen sie sich wohl am nächsten. Aber trotz aller Vorsicht im Umgang mit ihm verschloss sich der Vater ab diesem Zeitpunkt wieder mehr und mehr. Vermutlich machte sein grenzenloses Misstrauen Menschen gegenüber nicht einmal vor seinem eigenen Sohn eine Ausnahme. Es war deutlich, dass der baldige Verlust seiner Lebenspartnerin wohl die einzige Gelegenheit bleiben würde, ihn aus seiner Unnahbarkeit und Verschlossenheit zu lösen. Zum Teil, um ihm helfen zu können, zum Teil, um ihn endlich zu verstehen.

Aber auch das Verbergen eigener Verletzungen konnte den Vater nicht vom Schweigen befreien.

Beim Begräbnis der Mutter blieb sein Gesicht dann ohne Tränen, wie er es gelernt hatte.

Unvermittelt und ohne Hilfe standen sie am Zaun. Sie fanden zwar Übereinstimmung im Gespräch über den herrlichen Sommertag und andere Nebensächlichkeiten. Ansonsten aber blieben sie nur zwei Gestalten auf verschiedenen Seiten eines Maschendrahtzaunes.

Außer dem Gitter war nichts da, was den Vater beschützen konnte. Wie ihn früher stets die Mutter beschützte, wenn der Vater seinen erwachsenen Kindern gegenüber in Bedrängnis geriet.

Es war einige Jahre nach Mutters Tod.

Die Bundesregierung hatte auf zunehmenden ausländischen Druck reagiert und eine endgültige und unwiderruflich letzte Entschädigung für Opfer des Nationalsozialismus angekündigt. Die Bedingungen und Fristen wurden in allen großen Tageszeitungen bekannt gegeben.

Der Kontakt mit dem Vater war zu dieser Zeit schon auf Unverfänglichkeiten reduziert. Aber die seitenlangen Berichte schienen einen allerletzten Versuch zu fordern.

An einem Abend fand ein langes Telefonat mit dem Vater statt. Es zeigte, wie tief er alles, was mit seinem eigenen Vater zu tun hatte, verdrängt hatte – nach einem halben Jahrhundert mehr als je zuvor.

Nichts wollte der Vater für den Vater fordern. Nichts wollte er zurück. Nicht um seines Vaters willen und schon gar nicht für sich selbst. Er selbst und die ganze Familie hätten nichts mit den Juden gemeinsam, früher nicht und auch jetzt nicht. In der Not hätten sie sich nicht als Juden gesehen, und jetzt wollte er genauso wenig einer sein. Es wären nur die damaligen Rassengesetze gewesen, die den Vater zum Juden gemacht hätten. Sonst nichts.

Als ob er sich schämte, der Vater.

Und dass die Nachgeborenen keine Rechte hätten, betonte er besonders.

Auch seine eigenen Berührungsängste wollte der Vater nicht in den Ereignissen seiner Kindheit begründet sehen. Die eigene Einsamkeit und Menschenscheu nicht als Fortsetzung verstehen.

Auf keinen Fall aber wollte er Forderungen stellen.

Julius hatte sich vorgenommen, Vaters Entscheidung anzunehmen. Nicht mehr mit ihm zu sprechen. Ihm als Sohn nicht mehr die „Versöhnung" anzubieten. Wofür auch?

Einzig die kindliche Begeisterung, mit der die eigenen Kinder vom Großvater und dessen riesiger Modelleisenbahnanlage sprachen, hinderte ihn daran, ihnen dieses Stück der Welt zu nehmen.

Es passte nicht zu Vaters Wesen, sich von einem Zaun zurückweisen zu lassen. Zumindest ein gemeinsames Abendessen würde er fordern!

Julius erwartete zumindest eine autoritäre Regung. Ein bestimmendes Auflehnen des Vaters, wenigstens in Worten. Irgendeine Anlehnung an früher.

Aber, vielleicht wegen des schützenden Zauns oder wegen der vielen Gespräche, die sie schon über ihre unterschiedlichen Lebenswege geführt hatten, blieb sein Zorn aus. Des Vaters Miene verfinsterte sich zwar, aber das gewohnte Gewitter blieb aus. Statt dessen glaubte Julius in seinem strengen Gesicht einen Hauch von Traurigkeit erkennen zu können. Er bemerkte das Zittern des Gitters, in das der Vater zwei Finger der rechten Hand eingehängt hatte.

Dieses Zittern war während ihrer Kindheit oft der Vorbote eines der unbegreiflichen Wutausbrüche gewesen. Später dann hatte es sich als Zeichen seiner Ohnmacht verselbstständigt und ist Teil seines Wesens geworden.

Es war nichts anderes als seine Angst und Unsicherheit, durch ein falsches Wort den letzten Faden zwischen Vater und Sohn zu zertrennen. Und diesmal lag es in seiner Hand. Hatte er als Kind schon den Vater verloren, so wollte er vielleicht vermeiden, im Alter auch noch den Sohn zu verlieren.

So standen sie am Zaun, zwei Menschen aus zwei Welten, die das Schicksal zueinander gebracht und sich dann selbst überlassen hatte. Der Zaun war wohl schon ewig zwischen ihnen, und er war vermutlich auch das Einzige, was sie je wirklich verbunden hatte.

## 2000

*Die absolute und wahre Zeit verfließt an sich und vermöge ihrer Natur gleichförmig und ohne Beziehung auf einen äußeren Gegenstand.*
(Isaac Newton)

So können auch geschichtliche Ereignisse dem Verlauf der Zeit nichts anhaben.

Selbst Kriege und andere Schrecken verlieren in der Unendlichkeit der Zeit ihre momentane Bedeutung. Nur wenn man sich Zeit nimmt, kann man Einblick in ihren Verlauf gewinnen. Wie durch eine Lupe ein Stück der Zeit vergrößern.

Die Zeit heilt alle Wunden. So sagt man es. Aber während sie die einen heilt, verursacht sie ebenso viele neue.

Die Legende berichtet, dass Newton von einem herabfallenden Apfel zu seinen Theorien über die Gravitation inspiriert worden wäre. Er wäre an einen Baumstamm gelehnt gesessen, als ihm eine Frucht auf den Kopf gefallen wäre.

Wahr ist allerdings, dass Isaac Newton formulierte, dass nicht nur die Erde den Apfel anzieht, sondern auch der scheinbar winzige Apfel eine entsprechende Kraft auf die Erdkugel ausübt – wenn auch nur in dem Verhältnis, wie sich die Massen der beiden Gegenstände zueinander verhalten.

So üben auch einzelne, von der Geschichtsschreibung kaum beachtete menschliche Schicksale eine Kraft aus, die sich von Generation zu Generation wohl abschwächt, aber stetig fortsetzt. Auch wenn es die großen Ereignisse sind, die die sichtbaren Veränderungen bewirken.

So geht zunächst auch der kleine Apfel unter im Vergleich mit der Erdkugel. Aber auch er hat die Welt in ihrem Lauf durch Zeit und Raum, kurz und nur in geringstem Ausmaß, bewegt.

Sie für den Hauch einer Sekunde in seinem Bann festgehalten, im Tirol des vergangenen Jahrhunderts.

Gedruckt mit Unterstützung durch das Bundeskanzleramt, Sektion für
Kunstangelegenheiten sowie die Kulturabteilungen der Länder Nieder-
österreich und Tirol.

Bibliografische Information Der Deutschen Bibliothek
Die Deutsche Bibliothek verzeichnet diese Publikation in der Deutschen
Nationalbibliografie; detaillierte bibliografische Daten sind im Internet
über <http://dnb.ddb.de> abrufbar.

ISBN 3-7082-3155-4

© 2004 by Skarabæus Verlag in der Studienverlag Ges.m.b.H.,
Amraser Straße 118, A-6020 Innsbruck
e-mail: skarabaeus@studienverlag.at

www.skarabaeus.at

Alle Rechte vorbehalten. Kein Teil des Werkes darf in irgendeiner Form
(Druck, Fotokopie, Mikrofilm oder in einem anderen Verfahren) ohne
schriftliche Genehmigung des Verlages reproduziert oder unter Verwen-
dung elektronischer Systeme verarbeitet, vervielfältigt oder verbreitet
werden.

Buchgestaltung nach Entwürfen von Kurt Höretzeder
Satz: Skarabæus Verlag/Thomas Auer
Umschlag: Skarabæus Verlag/Karin Berner
Umschlagbild: Georg Loewit
Lektorat: Skarabæus Verlag/Georg Hasibeder

Gedruckt auf umweltfreundlichem, chlor- und säurefrei gebleichtem
Papier.